U0112905

谋 定天下 系列

谋扫四海
元朝开国奇谋

姜若木 编著

台海出版社

图书在版编目（CIP）数据

谋扫四海：元朝开国奇谋 / 姜若木编著·–北京：台海出版社，2013.7

ISBN 978-7-5168-0224-3

Ⅰ.①谋… Ⅱ.姜… Ⅲ.①中国历史–元代–通俗读物 Ⅳ.①K247.09

中国版本图书馆CIP数据核字（2013）第150034号

谋扫四海：元朝开国奇谋

编　　著：姜若木			
责任编辑：孙铁楠		装帧设计：候　泰	
版式设计：姚　雪		责任印制：蔡　旭	

出版发行：台海出版社

地　　址：北京市劲松南路1号，邮政编码：100021

电　　话：010-64041652（发行，邮购）

传　　真：010-84045799（总编室）

网　　址：www.taimeng.org.cn/thcbs/default.htm

E-mail：thcbs@126.com

经　　销：全国各地新华书店

印　　刷：北京柯蓝博泰印务有限公司

本书如有破损、缺页、装订错误，请与本社联系调换

开　　本：710×1000　1/16

字　　数：210千字　　　　　　　印　　张：16.25

版　　次：2013年10月第一版　　　印　　次：2013年10月第一次印刷

书　　号：ISBN978-7-5168-0224-3

定　　价：33.00元

前 言

　　蒙古族是一个富有传奇色彩的民族，又称"马背上的民族"，史称"蒙兀室韦"、"萌古"等，额尔古纳河畔是他们的摇篮。这样一个马背上的民族，在十三世纪初叶，曾凭借其过人的智谋和凌厉的攻势东征西讨，奇迹般地连通了亚欧大陆，建立了一个雄跨亚欧的蒙古帝国。

　　本书主要是讲述成吉思汗和忽必烈的谋略的，本书将详细地阐述他们采取的一系列政治措施和军事行动，他们在频繁的征战杀伐中所表现出来的超群的智谋，以及他们在巩固统一的多民族国家中所运用的策略和他们所取得的辉煌成绩是促使本民族不断壮大。

　　当蒙古外有强敌金兵压境，内有各部落、氏族互相吞并，无休止的战争和残杀把漠北诸部百姓推进贫困、灾难和死亡深渊的时代里，产生了这样一种客观的历史要求：谁能统一诸部，制止掠夺和残杀，结束混乱和无序的状态，谁就会赢得百姓的拥护，谁就能成为顺应时代发展、推动历史前进的伟大人物。成吉思汗就是在这个历史使命面前应运而生，最终成为统一漠北、振兴蒙古的伟大人物。

　　成吉思汗对于整个欧亚大陆，无疑是一股悲喜交加的龙卷风，其席卷之威力几乎是空前绝后的。他那锐利的目光往四周一"望"，"天狼"为之瑟瑟发抖，不寒而栗。高加索山脉以西的"欧城"为之涂炭就是明显的例证。

成吉思汗的孙子忽必烈则是建立了"大元"，统一了天下。在他执政的三十多年里，继承祖辈的遗志，继续从事军事征伐。他最辉煌的胜利是征服南宋，在时隔三百多年后再次统一了全中国，奠定了日后辽阔的疆土。比起以前蒙古人的战争来，伐宋之战需要更缜密的计划和后勤，从而确保忽必烈作为蒙古人中一位伟大统帅的地位。而他在政治上的矛盾可能是令人印象深刻的。他希望使汉人相信他日益汉化的同时，本民族同胞仍对他信任。他设立了进行统治的行政机构，在中原建了一座首都，支持中原宗教和文化，并且为朝廷设计出合适的经济和政治制度。然而他并未抛弃蒙古传统，保持着大量的蒙古习俗，在政府和军队的关键位置上任用蒙古人，废止南宋的科举制度使他不在政府职位上受制于汉人。忽必烈虽然仰慕中原文化，但他一生都在汉化与非汉化间徘徊。尽管在统治的最后十年中面临着困难与失误，忽必烈留给他的继承者的是一个稳定和大体上繁荣的国家。

目　录

第一章　黄金家族，草原崛起

　　事业刚刚起步，保存实力是最关键的。成吉思汗少年时经受的各种艰难困苦，不但没有消磨他的志气，反而使他炼就了金刚不坏之身。无论在什么样的困难面前，他都应对自如，也因此学会了保护自己的秘诀。

第二章 借势而起，善抓先机

　　成吉思汗在自己势力寡弱的情况下，一方面寻找同盟者，另一方面又运用借刀杀人的策略，消灭一切对其不利的势力，慢慢地壮大自己的力量，抓住各种有利的机遇，一步一步走上历史的舞台。

第三章 组织严密，用兵如神

　　在刚刚从草原崛起时，铁木真的部队面对的敌手主要是同为游牧民族、同样具备高超个人战斗力的部落，及至后来统一蒙古各部后，又面临着众多的常备军队。如果没有严密的组织和铁的纪律，铁木真的军队恐怕早就消失在历史长河中了。

第四章　恩威并施，树威立信

　　坚持原则是成吉思汗一个最重大的特点，他始终坚持诚信至上。他为人诚信忠厚，有功必赏，有罪必罚，对内对外都讲求信用，也因此树立了自己的政治威信。

第五章　汗位争夺，智者无敌

　　蒙哥汗逝世后，剩下的兄弟之间又上演一幕幕为了争夺汗位的画面。忽必烈接受汉臣的建议，先声夺人，首先登上汗位，从而操控大局。其弟阿里不哥最终被打败，无缘汗位。

第六章　知人善任，奇才云集

从成吉思汗到忽必烈，他们始终懂得重用人才，秉着用人不疑疑人不用的原则，任用了一大批的各式人才，形成群星荟萃的局面，为元朝的建立和发展作出了重要的贡献。

第七章　建立大元，统御有方

忽必烈于公元1271年将"大蒙古"国号改为"大元"，从此以一个新朝雄主登上历史舞台。建立"大元"之后，忽必烈不再一味地重用汉人治国，而是蒙汉一起治国，可谓是统御有方。

第八章　挥鞭南宋，一统天下

忽必烈建立大元后，开始了他的灭亡南宋的计划。他采用汉人刘整"无襄则无淮"的建议，先突破襄樊作为突破口，一举攻占临安。在厓山海战中，南宋最后的一位皇帝——8岁的宋帝赵昺死，至此南宋灭亡，忽必烈一统天下。

第九章　整顿朝纲，计定乾坤

忽必烈明白，如何建立一个既能保持蒙古之成法，又能适应中原地区经济文化发展水平的一整套国家机器，这是他面临的最大的问题，为了解决这一问题，忽必烈实施了一系列的措施。

目
录

第一章
黄金家族，草原崛起

　　事业刚刚起步，保存实力是最关键的。成吉思汗少年时经受的各种艰难困苦，不但没有消磨他的志气，反而使他炼就了金刚不坏之身。无论在什么样的困难面前，他都应对自如，也因此学会了保护自己的秘决。

追根溯源，家族历史

蒙古地区，自古以来是诸游牧部落的活动场所。自夏、商以来，大大小小的部族和部落出没在这块广阔的草原地带，各部族和部落的兴衰、更替的历史，直到13世纪初才告结束，最终形成了稳定的民族共同体——蒙古民族。而在这个伟大的民族中也产生了一个伟大的黄金家族。

蒙古人建立了中国第一个少数民族统一的政权，大元帝国的疆域在中国历史上是空前绝后的。成吉思汗在蒙古族统一中国的历史进程中发挥了重要的作用并产生了重大的影响，而了解蒙古起源的历史对于了解人类历史上版图最大的王朝——元朝有重要的意义。蒙古族在中国历史上，甚至在世界历史上都是赫赫有名，声震天下。

在蒙古人的眼里，他们是上天所赐，是吉祥的象征，是不可战胜的。蒙古人可追溯得最远的祖先，是从成吉思汗上溯到2000年前的捏古斯和奇颜。传说中的捏古斯和奇颜，可能是远古时代两个氏族的名称，他们在额尔古纳河流域生息繁衍400年，从原氏族群体中分出70个分支——斡巴黑（氏族）。蒙古人的斡巴黑，是出自共同男祖先的人们所组成的血缘集团。每个斡巴黑都保持血缘上的绝对纯洁性，有明确而详细的世系族谱，世代相传。亲族间不能互为婚姻，只能与外族通婚，这种古老的族外婚制在蒙古保留了相当长的时间，在12世纪的蒙古社会中依然能看到此种迹象。

根据史学家考证：蒙古人的祖先是东胡，与匈奴、鲜卑、乌桓等具有同一族源，他们曾与匈奴人发生过大的流血冲突，但被打败，四散奔走，形成几种名称不同的部族。公元前5至前3世纪，东胡各部还处于原始氏族社会发展阶段，各部落过着依水草而居的生活。公元前3世纪末，形成东胡人的部落联盟，与匈奴为敌，不断向西侵袭。冒顿单于（？～前174年）时，匈奴逐渐强大起来，东袭东胡，破灭东胡各部，大掠其民众及牲畜。东胡各部均受匈奴人统治达3个世纪之久。公元48年，匈奴分裂为南匈奴和北匈奴，势力衰落。乌桓、鲜卑乘机而起。

乌桓、鲜卑是东胡人的后裔。公元前209年，冒顿单于破灭东胡以后，一部分东胡人居于辽河流域的乌桓山，一部分居于潢水流域的鲜卑山，故称乌桓、鲜卑。据《后汉书》记载，东汉和帝永元年间（89～105年），汉朝击破匈奴，北单于出走它地，鲜卑人转徙到该地居住。匈奴余者10余万，皆自称鲜卑。鲜卑至此便强盛起来，到2世纪中叶，即檀石槐统治时期，据史书描述：尽据匈奴故地，占据东西12000余里，南北7000余里的广大地区，建立起一个空前强大的鲜卑部落军事联盟。各部首领割地统御，备有分界。檀石槐死后，鲜卑部落军事联盟也随之瓦解。

根据考古发掘与汉籍中记载的有关鲜卑人的风俗习惯和语言，也基本证明蒙古人与鲜卑人有渊源关系。4世纪中叶，鲜卑人的一支，自号契丹，生活在潢河和老哈河流域一带。居于兴安岭以西（今呼伦贝尔地区）的鲜卑人的一支，称为室韦。室韦，始见于《魏书》，作失韦。室韦与契丹同出一源，以兴安岭为界，南者为契丹，北者号为失韦。6世纪以后，室韦人分为南室韦、北室韦、钵室韦、深末恒室韦、大室韦等五部，各部又分为若干分支。文字记载蒙古之称谓，始见于《旧唐书》，称作蒙兀室韦，是大室韦的一个成员，居住在额尔古纳河以南地区。"蒙古"者，即长生的或永恒的部落。这和拉施特《史集》记载的蒙古历史传说也基本吻合。无关的种族群落间有了后来制造出来的共同血统，它是草原游牧部落间国家形成过程中的一个共同与必要的因素。

蒙古族的祖先很早就生活在大兴安岭北段、额尔古纳河以东地区。唐代蒙古之名始见于史籍。蒙古族后西迁至蒙古高原，从事游牧畜牧业。他们在中国北方很寒冷的地方，以打猎、捕鱼和游牧为生。

坎坷童年，砥砺成才

按照《蒙古秘史》记载，成吉思汗铁木真的世系是这样的：

始祖为捏古思和奇颜兄弟二人，前者的后裔衍生了蒙古答儿列斤氏族，弟弟的后代则是乞颜氏族。

铁木真属乞颜部下。

从朵奔蔑尔干时代起，铁木真的祖先们一直生活在茫茫蒙古高原和戈壁，自然条件的艰苦和生存环境的恶劣，造就了孛儿只斤氏族顽强不屈、坚忍不拔的共同性格，也积淀了宽广的胸怀和宽阔的视野，为日后黄金家族的产生打下了坚实的历史和氏族基础。事实上，铁木真的曾祖父是蒙古部落的第一任可汗合不勒，他曾接受过中原辽朝和金朝的册封，此后，合不勒汗所在的家族被称为蒙古——乞颜部。他有七个儿子，其次子的子孙组成的氏族叫乞颜——孛儿只斤氏，就是铁木真所在的家族，也就是日后黄金家族的祖先。

合不勒汗改变了蒙古人以往臣服于金朝的传统，开始了蒙古人与女真统治者的军事斗争，并曾经在贝尔湖大败金军。

铁木真的另一位先辈俺巴孩，出身于与合不勒汗同样血统"纯洁"的泰赤乌部族，经过忽里勒台大会选举，继承了合不勒的汗位，俺巴孩是合不勒汗的同辈人，但是他后来被塔塔儿部偷袭解送金朝后，被金熙宗下令用残酷的木驴刑处死。

俺巴孩汗的死，不仅为日后铁木真对塔塔儿人的灭族埋下了伏笔，也成为未来蒙古军队在成吉思汗带领下残酷屠杀女真人并灭亡金朝的发端。

铁木真在公元1162年出生于斡难河右岸的孛儿只斤部落，降生时正值他父亲也速该率部打败了世仇塔塔儿部落并俘获了两名酋长，其中一位叫铁木真兀格，为纪念胜利，也速该遂给儿子命名为铁木真。南宋大臣赵珙公元1221年出使蒙古部落曾见过铁木真，他在《蒙鞑备录》一书中对铁木真的相貌有过详细描述："其身材魁伟而广额（宽额），长髯，人物雄壮，所以异也。"

据《元史》记载，铁木真出生时，"手握凝血如赤石"，生就红光满面，有非同凡人之相。蒙古族民间传说中则说铁木真出生时右手握着一块坚硬的血饼，就像蒙古族长矛一样的形状，因而后世的人们也把铁木真比作远古的蚩尤，视为战神。

铁木真青少年时代悲欢离合的坎坷经历，造就了这位享誉中外历史的英雄人物。

幼年的铁木真无疑过着让同龄人羡慕的贵族生活。然而好景不长，一场突如其来的变故彻底改变了铁木真的人生，也改变了世界历史发展的进程。公元1171年，已经是蒙古部落一位大酋长的铁木真的父亲也速该被塔塔儿部人毒死，那时铁木真刚满9岁。事后，本部落的贵族们不仅没有尽力帮助也速该的寡妻弱子，反而嫌弃他们，甚至连也速该生前的好友们也纷纷离他们而去，并把他们的畜群赶出了部落。

铁木真一家开始了在草原上的流浪生活，这一段灾难岁月无疑给成长中的铁木真留下了终生无法磨灭的影响。夏日在高原湖水中捕鱼，秋天在森林里采集野果，春季在草原上追逐老鼠——这些绝不是诗情画意的享受，对铁木真一家来说，只是满足基本生存的必然选择。

不仅如此，已经尝到世事艰辛与人间无情的铁木真，还曾经被同族人抓去监禁起来，理由却很简单：就是怕他惹事。甚至成年后的铁木真，还被仇人抓去了老婆，以至于铁木真一直对长子术赤是否亲生怀有疑虑，这也直接影响到了铁木真父子乃至日后黄金家族内部的各种关系。

草原崛起，少年英雄

　　成吉思汗出生于公元1162年，当时他父亲也速该刚与塔塔儿人作战获胜归来，得知喜得贵子，便用他所俘获的塔塔儿部首领铁木真为自己的儿子命名。

　　"铁木真"有坚强的意思，在蒙古语中，"铁木真"有"铁匠"、"铁匠炉"的意思，引申为"像铁一样坚强"，"成吉思"一词也有坚强之意，铁木真后来被尊为"成吉思汗"，可能就是由"铁匠"一词演化而来。后来蒙古人还有在春节期间祭祀铁匠的习俗。

　　铁木真的童年生活在父爱与母爱的关怀中，无忧无虑。命运的改写是父亲被塔塔儿人毒死，抛下了诃额仑和几个年幼的孩子，铁木真的小妹妹帖木伦还在摇篮里呢。然而更不幸的是他们被同部族的泰赤乌氏抛弃了，许多孛儿只斤氏族的百姓见他们母子寡弱，也没了主心骨，大部分跟着泰赤乌人跑了。

　　也速该在临终前，嘱托他的一个心腹蒙力克，让他领回铁木真并照看他们的母子。蒙力克把铁木真领了回来。年幼的铁木真被残酷的现实惊呆了，他想不到无忧无虑的生活已经结束，没有强壮、有势力的父亲，他将依靠谁呢？对于一个仅仅9岁的孩子来说，除了失声痛哭，他又能干什么！

此前，在蒙古部族的汗位竞争中，由于也速该的反对，泰赤乌氏族的首领遭到失败，因而对他恨之入骨，这次，他们落井下石，率众沿斡难河迁移，不通知铁木真母子，使之陷入了绝境。蒙力克的父亲前去劝阻，不仅挨了骂，还被泰赤乌人在背上扎了一枪。

家里没有成年男子，诃额仑只好挑起了重担。她骑上马，举起氏族的大旗去追赶自己的部众，有些人回来了，但当他们看到孤儿寡母终究难以作为靠山时，又陆续投奔泰赤乌、札只剌等部去了。

铁木真兄弟与母亲相依为命，他们赶着少得可怜的牲畜在斡难河上游的不儿罕山附近流浪，全家只剩下了9匹马，这是他们作为贵族的标志了。

铁木真和他的亲兄弟合撒儿、同父异母弟别勒古台、别克帖儿采集野果，挖掘草根，捕鸟，捕鱼，艰难度日。铁木真原来是个连狗都怕的孩子，在艰苦的磨难中完全改变了性格。生存竞争，不仅在人与动物、人与自然间展开，还要在同胞兄弟中发生。铁木真和合撒儿是诃额仑所生，他们的两个弟弟年龄更小，还根本不能劳动，别克帖儿与别勒古台却身强体壮，为了有限的食物，他们经常与铁木真兄弟发生争夺。有几次铁木真和合撒儿的东西被抢去。最后铁木真与合撒儿终于忍耐不住，趁别克帖儿不注意时将他射死了。为了一条鱼和一只鸟，他们杀死了自己的兄弟！别勒古台见兄长已死，只好对铁木真言听计从，诃额仑得知这一惨剧发生，又气又急，把铁木真兄弟痛骂了一回，教训他们以后要团结友爱。从此之后，铁木真对兄弟们关爱有加，对别勒古台也一视同仁，保证了家庭的团结。

就在这样的环境中，铁木真渐渐长大。泰赤乌人在铁木真等人最弱小、最需要帮助时抛弃了他们，却并没有忘记他们。铁木真十三四岁的时候，他们觉得他长大了，肯定会给自己带来威胁，决定采取行动。泰赤乌首领塔儿忽台对部下说道："鸟儿的翅膀硬了，羔羊的身体壮了，该是我们进攻的时候了。"于是他率领一些士兵找到了铁木真的家。诃额仑得知消息，吩咐孩子们躲进山林。铁木真、合撒儿、别勒古台将母亲、妹妹和两个年幼的弟弟藏进了山石当中，尔后他们砍木头，筑工事，忙个不停。泰赤乌人包围了他们藏身的不儿罕山，因为山高林密，他们不知道铁木真等人藏身何处，便展开了心理攻势："只要把铁木真交出来，其余人将安然无事！"

成吉思汗

铁木真听对方是冲着自己来的，打马就逃。泰赤乌发现了铁木真的踪影，紧追不舍。铁木真向山林中最高的地方和树木最密的地方奔去，泰赤乌人搜索不果，决定采取以逸待劳的战术，重重包围，等铁木真出来。

铁木真在林中一直待了9天，但最后还是落入了泰赤乌人手中。塔儿忽台命人将铁木真用木枷锁起，并严加看守，每过一处都要示众，以此来打消跟随泰赤乌人的孛儿只斤氏族百姓投靠旧主的念头。一天晚上，泰赤乌人在斡难河边举行盛大宴会，只有一个小孩看守铁木真。铁木真看时机难得，趁小孩不注意用木枷在他头上重重一击，小孩应声倒地。铁木真躲到一片树林中。那个小孩不一会儿醒了过来，扯着嗓子叫道："铁木真逃跑了！"

整个泰赤乌营地像炸了锅一样，嘶喊声和脚步声响成一片，无数火把像移动的星星散布在草原上。有个人举着火把向林中走来，铁木真看见那个人向自己走来，越来越近，他的心都跳到了嗓子眼儿。那个人看见了他，却没有抓他，而是端详了一会儿，对他说："你有才能，眼睛发亮，而泛红光，所以泰赤乌人才忌你恨你。你在这躲着吧，我不会告诉别人的。"说完这个人就走了，迎面又有几个人打着火把走来，这个人对他们说："里面没有，还是到别处去找吧。"于是他们都往别处去了。

铁木真模模糊糊看见了那人的脸庞，记起他叫锁儿罕失剌。泰赤乌人没有找到铁木真，周围又变得静寂了。铁木真向四处一望，只见漆黑一片，他弄不清自己该向哪里走，到何处去。经过一番心理斗争，他决定到锁儿罕失剌家里去躲一躲。他记得锁儿罕失剌家整天捣马奶，于是他就循着捣声找到了他的家。锁儿罕失剌父子殷勤招待了他，给他端上马奶和羊肉，赤老温去掉了他的木枷，铁木真美美睡了一觉。第二天，泰赤乌人又进行大规模搜索，挨家挨户检查。锁儿罕失剌见形势危急，便把铁木真塞到羊毛车里，总算逃过了检查。在锁儿罕失剌父子的安排下，铁木真骑着一匹黄马逃回了家乡。

铁木真的生还使全家人喜出望外。为了避免泰赤乌人再来进犯，他们迁至了远处的古连勒古山中，继续他们的艰难生活。

铁木真被泰赤乌人俘获时连他的马也被抢去了，幸好锁儿罕失剌送了他一匹马，这样他家里仍然是那9匹马。但有一天，这9匹马中的8匹被一伙盗马贼偷了去！马是草原人的命根子，没有了马，就失去了基本的生存能力。对于铁木真一家来说，这简直是致命一击！

铁木真怀着绝望之情，骑着他的那匹马沿河去追赶被盗走的马群。马过之处都有痕迹，他就顺着这些踪迹寻找，一连走了三天还是没有找到。第四天清早，他来到了一座蒙古包前，有一个少年正忙着，铁木真问他是否见到过有人赶着8匹马路过。那个少年说："早晨确实有几个人赶着一群马从这经过。"他询问了铁木真的姓名，当铁木真告诉他时，他两眼一亮，说他终于见到了最佩服的人，于是二人结成了朋友。少年告诉他自己叫博尔术，他的父亲与铁木真的父亲 也速该曾是好朋友。铁木真只身从泰赤乌人手中逃脱，博尔术早有耳闻。博尔术给铁木真换了一匹更健壮的马，自己也骑上一匹，与铁木真一同寻找丢失的8匹马。

他们又追踪了好几天，终于在一个营地发现了。他们二人观察好动静，等黄昏时分把马群赶出来，沿回去的路狂奔不止。盗马贼们发现后也追赶不休，天越来越暗，他们借着夜色的掩护，摆脱了盗马贼的纠缠。

回到博尔术家中时，博尔术把铁木真介绍给了父亲，父亲惊喜交加，谈起了他与也速该相交的往事，并且勉励他们互相照顾，祸福同当。

铁木真辞别了博尔术父子，回到家里。9匹马算保住了。不过让他感到最兴奋的是，他有了平生第一个好朋友！经过这几年风雨漂泊，铁木真感到自己已经成熟了。他的生活中充满了饥饿，充满了惊险，充满了威胁，但是是锁儿罕失剌父子冒死相救、博尔术父子真心帮助，燃起了他生命深处的希望之火。他渐渐意识到了他自己的巨大潜力！他的内心开始沸腾起来。

随着日月的流逝，铁木真已经到了结婚的年龄。当初是父亲亲自到弘吉剌部的特薛禅家去给他提的亲，尽管铁木真的家庭已经是一落千丈，特薛禅并没有悔婚，在信守诺言方面，他是毫不含糊的。诃额仑觉得是办喜事的时候了，便让铁木真与别勒古台到弘吉剌部迎亲。

特薛禅很爽快地把女儿交给了铁木真。女方陪嫁的有一些牛羊，最值钱的是件珍贵的黑貂鼠皮袄，孛儿帖把它当作见面礼，送给了婆婆。

婚后的生活并不安宁，一家人时时提心吊胆，怕泰赤乌人找上门来，所以他们不得不时常迁徙，仍旧过着流浪生活。长大成人的铁木真深知自己所承担的责任之重大，不仅要保护母亲、妻子、兄弟、妹妹，还要找机会为父亲报仇。中国人有句老话，"杀父之仇，夺妻之恨，不共戴天"，"有仇不报非君子"，实际上复仇观念在游牧民族更为强烈，血亲复仇往往是战争的直接原因。如果有仇不报，不仅被人视为无能，而且会名声扫地，失去威信。铁木真已不再是孩子了，复仇和重振旧部，他责无旁贷。但在羽翼没有丰满的情况下，他贸然出击，只能是自寻死路。经过多年困难的磨练，铁木真没有被仇恨冲昏头脑，而是变

得更冷静，更懂得在势力不足的情况下，最需要保护自己，在对手不注意的时候，努力发展自己。他非常清楚，自己身上承担着重大责任，不能有任何失误。

所以，在谋求权力的过程中，他选择了稳扎稳进的策略。此时铁木真已经开始运用他父亲留下的威信，逐渐招集原来的部众，以打开局面。到他结婚的时候，已经不是仅仅有9匹马了，由于弘吉剌部的支援，他的势力也在慢慢壮大。但和兵强马壮的泰赤乌部、人多势众的塔塔儿部、勇敢善战的蔑儿乞部相比，简直是微不足道。如果他敢于出击，无疑是拿鸡蛋碰石头。他当然不能这样做。经过再三考虑，他认识到，首先要积极发展自身，不要主动出击，保护自己，然后联合其他一些部落，壮大自己，这才是上策。

谁是真正的盟友呢？铁木真和母亲想到了克烈部的脱斡里勒汗（后来被称为王汗）。他曾经是也速该的结义兄弟，当年走投无路时，也速该帮助过他，不但救了他的性命，而且派兵帮助他夺取了汗位，可以说是他的大恩人。此时，他已经是草原霸主之一。由于他和塔塔儿人、蔑儿乞人都有仇，铁木真觉得可以借助他与父亲的关系取得他的支持，对付共同的敌人。于是他决定去拜见这位长辈。为了取悦脱斡里勒汗，铁木真把妻子送给母亲的珍贵的黑貂鼠皮袄拿了出来，作为一件礼物去见脱斡里勒汗。

铁木真见到脱斡里勒汗后，献上珍贵的礼物，脱斡里勒汗心里很是高兴，一边回忆也速该与他的旧谊，一边允诺说只要铁木真有困难，他

成吉思汗陵

一定会尽力相助。因为脱斡里勒汗与也速该是把兄弟，铁木真就把脱斡里勒汗称为汗父，这更使脱斡里勒汗感到十分受用。就这样，铁木真有了靠山，他的信心也增强了。

有了克烈部这杆大旗，铁木真开始壮大自己的力量，更多的旧部也逐渐回到他的部下，他的身边又多了博尔术等几个勇猛的帮手，孛儿只斤氏族焕发出了勃勃生机。铁木真顺利地走出了谋求草原统治权的第一步。

第二章
借势而起，善抓先机

　　成吉思汗在自己势力寡弱的情况下，一方面寻找同盟者，另一方面又运用借刀杀人的策略，消灭一切对其不利的势力，慢慢地壮大自己的力量，抓住各种有利的机遇，一步一步走上历史的舞台。

势力寡弱，寻找依附

"劳心者治人"，政治家往往不是最能打仗的统帅，不是最善理财的经济学家，而是处理人际关系、使他人力量为我所用的"公关学家"，"君子动口不动手"就是这个意思。铁木真不是一般人理解的莽汉、匹夫，而且一个心计过人的智者。在他力量还很小的时候，他不会与敌人去硬拼，自取其祸，而是去寻求同盟者，借刀杀人。在势力寡弱的情况下，即使得到了脱斡里勒汗的支持，也不意味着危机已经结束，因为，他们之间还没有建立起真正的联盟。不久之后，一场意想不到的灾难就降临到铁木真一家身上。

一天黄昏，全家人像往常一样平安入睡。突然间女仆尖叫起来："泰赤乌人来了！"铁木真等人被惊醒了，他们满脸恐慌，连衣服都没穿好就跑了出去。大地在震动，战马的嘶鸣声由远处传来。

因为泰赤乌的目标一直是铁木真，诃额仑吩咐他立即上马先逃，尔后她与另外几个儿子也上了马，向山林中逃去。慌乱之中谁也顾不了许多，9匹马都被骑走了，铁木真的妻子孛儿帖和别勒古台的母亲无马可骑。敌人在逼近，火把把远处的天空都映红了。无可奈何之际，女仆驾起了牛车，让孛儿帖和别勒古台之母坐在车中逃走。

老牛慢慢腾腾，任凭怎么打，始终迈着四方步走，敌人很快就赶到了，他们围住了毡房，吼叫着、践踏着。当他们发现人已不在后又分散开到各处搜索。

牛车被敌人拦住了，孛儿帖等都落入了他们之手。孛儿帖已意识到即将到来的不幸，然而她万万没料到事情比这还不幸，她被俘获才知道，敌人并非泰赤乌人，而是蔑儿乞人。

多年以前，也速该从蔑儿乞人手中抢来了诃额仑，现在，她，铁木真的妻子，诃额仑的儿媳，又成了蔑儿乞人的怀中物！

当蔑儿乞人知道她竟是铁木真之妻时，无不兴高采烈，因为他们终于报了几十年前的深仇大恨！他们围住了不儿罕山，到处搜索铁木真兄弟。但是天色越来越黑，找了很长时间也没找到一个人，于是他们像潮水一样撤退了。

铁木真他们在山中待了整整一夜，第二天才下山。他们的房子被烧光了，牛羊被抢走了，营地上狼藉一片。铁木真面对遭劫后的废墟，心中既难过又愤怒，而更令他难以承受的，是孛儿帖的失踪，难道她被泰赤乌人捉住了？通过多方打听，铁木真等人才知道，攻击他们的是凶悍的蔑儿乞人，他的妻子被蔑儿乞人劫去了！想到亲爱的妻子落入虎口，被敌人百般蹂躏，铁木真浑身的血都在沸腾！

他要复仇，要抢回自己的妻子，但是，他凭什么，凭这几个人，凭这9匹马？太滑稽了！残酷的现实使铁木真冷静了下来，实力才是一切！

妻子被劫的奇耻大辱，对蔑儿乞人的战争是不可避免的了。这一仗是为了洗雪夺妻之恨，也是为了草原争霸的第一步，只能胜利，不能失败！为了这场非同寻常的战斗，铁木真进行了周到细致的准备。他想方设法，收罗人才，吸引原来的部众。经过一段时间，他的力量得到恢复和壮大，很多部众回到了他的身旁。但面对以强悍著称的蔑儿乞人，面对贼心不死的泰赤乌人，铁木真的力量仍然是微不足道，自保尚且不足，何谈报仇，何谈争霸？残酷的斗争，严重的现实告诉铁木真，光靠自己的力量是远远不够的。只有一个办法，那就是借助别人的力量。

在刚结婚后不久，铁木真就有意识地去结交克烈部的脱斡里勒汗，靠他父亲与这位草原霸主的交情和一件皮衣获得了好感。这时铁木真首先考虑到了脱斡里勒汗，因此便同弟弟合撒儿一起去向他求助。铁木真把自己受辱之事向脱斡里勒汗诉说一番，请求他帮助自己夺回妻子。他称脱斡里勒汗为汗父，自认是臣属和儿子，他的妻子就是脱斡里勒汗的儿媳，脱斡里勒汗能不帮忙吗？

铁木真之所以有把握汗父会支持他，还因为他考虑到蔑儿乞也是脱斡里勒汗的敌人。当脱斡里勒汗年少时，他所在的部落遭到蔑儿乞人的抢掠，他与母亲都被抢去了，他作为蔑儿乞人的奴隶度过了充满辛酸的少年时代。作为现在的克烈部大汗，脱斡里勒汗对于那段日子自然刻骨铭心，再加上铁木真一挑拨，如何能不发兵？

铁木真觉得把握不大，又邀请了札达兰部的札木合一起出兵。札达兰部与铁木真的部族同祖，当时的领导人是札木合。选择他做盟友，也是考虑到札木合也曾受过蔑儿乞人的侵略。

在一次战斗中，札木合的许多财产、部众被抢走，手下只剩了30多个人，过着流浪生活，后来实在走投无路，他想了一个极其冒险的办法——投靠蔑儿乞人。札木合用自己的聪明、机智博得了蔑儿乞贵族的好感。在蔑儿乞人放松对他的戒备时，有一天夜里，他率领这30个人溜进了蔑儿乞首领的大帐，当时首领的侍卫们没在身边，札木合利用这个机会，逼迫首领交出部众和财产。就这样，札木合又恢复了自己的力量。由于蔑儿乞人勇敢善战，札木合虽然怀恨在心，却不敢轻易兴兵征讨。这次结拜兄弟铁木真盛情相邀，三支力量聚集在一起，胜券在握，札木合欣然答应。

最后三人商议决定，由脱斡里勒汗出两万兵，札木合出两万兵，铁木真抽一万兵，分路向蔑儿乞人进攻。他们约定了在某个地方会师，但是由于下雨，脱斡里勒汗与铁木真的人马迟了三天才到。本来战争的统帅应是势大位尊的脱斡里勒汗，这一下札木合有了借口，因为他按时来到会师地点，所以便大发牢骚："虽风雨亦践其约，虽天雨亦赴其会，非谓勿误所约！蒙古非忠于诺言者！"他表面是说"蒙古人"，批评铁木真，实际上却是旁敲侧击，指责脱斡里勒汗。脱斡里勒汗自知理亏，只好说："本来约好三日前会师，但我们迟到了，要打要罚，全听札木合兄弟处置。"最后札木合做了联军的统帅，指挥整个战斗。

由于联军采取夜间奇袭战术，蔑儿乞人没有丝毫准备，联军攻入，蔑儿乞人人哭马嘶，乱成一团。这场战争很快就结束了。铁木真一边冲杀，一边喊着"孛儿帖！孛儿帖！"最后在一个角落里找到了她。很快战斗就接近尾声。蔑儿乞人一部分逃跑了，一部分被联军所杀，没有被杀死的就成了联军的俘虏。别勒古台的母亲和孛儿帖一起被蔑儿乞人所掳，这下见到自己的儿子来救，不但没有高兴起来，反而羞愧万分，掩面跑到深山老林之中，再也不见人了，以后她是死是活也没人能知道。

大部分战利品都归了脱斡里勒汗和札木合，因为他们帮助铁木真复仇，当然要得到报酬。铁木真懂得这个道理，所以不但没有与他们争，反而表现得慷慨大方。铁木真没有回原来的驻地，而是跟着札木合走了。一般认为他们是把兄弟，札木合出于照顾铁木真的需要才让他与自己同行。倘若仔细考虑一下，这件事并不简单。虽然铁木真与札木合是把兄弟关系，但与王汗也不疏远，他其实已经自己承认是脱斡里勒汗的臣属和义子了，从"照顾"这个角度讲，脱斡里勒汗更有实力，也更有义务。为什么铁木真最后跟札木合走了呢？

这场战斗的联军指挥官是札木合，他对于战果的处理也有发言权。铁木真跟他走，就等于是他的部下和臣属。当时札木合是草原上正在崛起的一颗新星，虽然不能说他有统一草原的野心，但称雄的愿望还是有的。相比之下，年老的王汗贪图享受，但求无事，缺少扩大势力的动力。从战斗指挥权的争夺上就能看到他们二人的差别。札木合带走铁木真，实际上打了一张王牌，他看到铁木真是乞颜古部复兴的希望所在，也将是乞颜人众望所归，控制了铁木真，就控制了乞颜部。他的手下有很多人是乞颜人，他们是泰赤乌部抛弃乞颜氏族时投奔而来的，有了铁木真，这些人会更加驯服。当然，札木合还可以打铁木真的旗号收集其他蒙古人，进一步扩大自己的力量。这是札木合的如意算盘。

铁木真之所以跟札木合走，除了作为部属必须服从的一面，铁木真还有自己的算盘。如果他继续保持独立，脱斡里勒汗与札木合也不会拿他怎么样，但他清楚，他不能失去这两个人的支持，如果失去了他们，蔑儿乞人与泰赤乌人很可能趁他势力单薄，前来进攻。投靠他们虽然意味着失去独立性，但是办事总是要付出代价的。铁木真是要借助这两个人的声势扩大自己的影响，趁机收集乞颜部众，积蓄力量。对当时人微言轻又没有实力的铁木真来说这是一条成功的捷径，当然，走这条路是有风险的，一场权力斗争的游戏就这样开始了。铁木真正是通过这场战争和投靠札木合在草原上迈开了谋权的第一步。

札木合打着自己的如意算盘，他认为这是他走向辉煌的重要一步。他的智力与胆识都有过人之处，史书中这样描写他：当时，这个部落的著名领袖中，有个札木合薛禅。他被称为"薛禅"，是因为他极其聪明狡黠。成吉思汗称他为"安答"，但这个人经常对他耍阴谋、背信弃义和搞欺骗，而且图谋将国家抓到自己手中。其中关键的一个词"极其聪明狡黠"一针见血地指出了札木合智力超群的特点。如果不是遇见铁木真这样更高明的对手，他的成功可能性要大得多。

铁木真与札木合在一起生活了一年多时间，有一天札木合与铁木真商议迁居何地，札木合说："铁木真兄弟，如果依山为营，放马的人有毡房居住；如果与水为临，牧羊的人将饮食无忧。"

铁木真不明所以，就问母亲诃额仑，孛儿帖抢着说："素闻札木合喜新厌旧，他一定是要抛弃我们，他刚才所说的，正是讨厌我们的话。我们还是不要驻扎，继续前行。"札木合为什么抛弃铁木真？如果这是真的，也要有原因。令人感到奇怪的是，与札木合同处的这段时间中，铁木真的势力急剧增长，他的部众已远远不是攻打蔑儿乞时的那几个人，更不是只有9匹马的时候了。与札木合分离后不久，铁木真就被推为乞颜阿汗，这不是很值得深思吗？其实，铁木真实现了自己的计划，他挖了札木合的墙脚，号召乞颜部人回到他的帐下，札木合手下绝大部分乞颜部人都成了铁木真的臣民了。而札木合收集的部众又被铁木真收买，，札木合偷鸡不成反蚀一把米，不分开行吗？到底是札木合赶铁木真走还是铁木真叛离札木合，这并不重要，重要的是他们不是好聚好散，而是成了冤家对头，这就更说明了他们之间的利益冲突之激烈。

在这场游戏中，铁木真成为大赢家。这标志着他正式取得了草原逐鹿的资格，也印证了借助别人力量壮大自己这一战略的正确性。这种借助他力为自己服务的智谋，铁木真后来一直屡试不爽。在他后来的主要作战方法中，"借"字诀是值得大书特书的。

首先，他善于借用敌人内部矛盾制敌。

一个重要前提是看到敌人之间的矛盾，他利用札木合、王汗与蔑儿乞人之间的宿怨，利用塔塔儿人与王汗的旧仇，利用札木合与王汗之间的嫌隙等等。这是从全局出发，把一切有可能阻止他统一草原的力量都算在"敌人"之内说的。对每一个敌人，他又利用敌人内部矛盾，如利用札木合与他一些下属的矛盾，利用王汗父子的矛盾。在扩张过程中，他利用金夏之间的矛盾，攻下西夏，从根本上清除了两国联合御敌的可能。攻打曲出律时，他又利用西辽的阶级矛盾与宗教矛盾，分化瓦解了其势力，使强大的西辽变得不堪一击。这一招哲别、速不台也用过，他们利用成吉思汗的借用谋略成功地分化了阿兰人与钦察人，然后各个击破，最后征服了整个东欧草原。

其次，是借用敌人的人力。

成吉思汗的军队不少反多，原因就在于他的武装力量是个大磁石，越滚越多。征服了一个地区，把能杀的杀了，妇女掳为己有，儿童抚养长大就成了蒙古的新生力量，不杀的男丁、士兵则编入军队，去进攻敌人。

成吉思汗还有更厉害的一招，那就是用俘虏去攻打敌人。攻下一个地方后，把俘虏的百姓放在军队前面，让这些百姓充当拦箭牌，一般守城守寨的人见了自己同胞都会手软，不忍下杀手，战斗力自然大减。罗马教皇派到蒙古的使节看了这一幕给惊呆了，因此预言：就这样，蒙古人使用已被征服的居民去攻打别的国家。正如前述，他们把被征服的所有国家的人力集中起来进行战争，因此，以我愚见，如果没有神的保佑和帮助战斗，能够独自抵挡得了蒙古人的地区一个也没有了。这一预言在13世纪变成了事实。

再次是借用敌人资源和技术。

蒙古军队的一个优势是它的灵活性与机动性，蒙古史学家曾撰文指出过：蒙古人行军打仗，家属随行，根本不发生军需给养困难——这就是成吉思汗及其子孙之所以能在不长的期间内横行亚欧的原因之一。

与其他各国军队相比，蒙古军队无需辎重，无需勤保障，不像中原王朝那样，一旦粮草不济，必败无疑，行军打仗，粮草先行，这是中原战争的通则。但蒙古人对此不担心，他们身上带有原始的"强盗"气息，以战养战是其生存之道。攻下一地之后，由被征服者负责军队的粮食、草料供应，吃饱喝足，再踏上新征途。花剌子模的一个城市的居民未战而降，以为会幸免于祸，但几天之内先后经过几批蒙古大军，这一下把该城地皮刮了三尺，蒙军走后，这里已同废墟一样。对蒙古人来说，这种做法既解决了自己的给养问题，也大大地削弱了敌人，使敌人失去反抗的人力和物力。

成吉思汗对于工匠有着令人奇怪的兴趣，每战之后，工匠一个不杀，都带到大漠，让他们从事生产。这是因为蒙古生产技术落后，尤其缺少工匠。他用工匠们建造无数的大兵工厂，生产作战所需兵器。

有一个人被俘虏后想活命，但他又不是工匠，当蒙古军队过来检查时，他用右手食指在左手食指上来回拉了两下，表示他会锯木头，蒙古人也居然留了他一条命。有一个西夏的降人，工技娴熟，因而深得成吉思汗的宠爱，当耶律楚材到成吉思汗身边时，这个工匠对他讥讽说，现在是需要工匠的时候，你这个酸秀才来干什么。

成吉思汗为此还把被俘的工匠组成了独特的军种——工匠队。有人说，这是古代军事史上最庞大的独立兵种。充分利用工匠，保证了蒙古军武器始终处于世界先进水平。他们不仅有抛石机、连发弩，还从汉人那学来了火药技术，改进了火器，建造了当时世界上威力最大的火炮。在后来的攻城战中，炮兵的作用越来越重要。"四大发明"中的火药技术传到欧洲，就是蒙古军队带去的，当时几乎是最落后的民族掌握时代最先进的技术，成吉思汗用一个"借"字，解决了几百年都不一定解决的问题。

运用策略，以敌制敌

今天的盟友可能就是明天的敌人，成吉思汗最擅长"借刀杀人"的策略，但始终没有人能够识破。"以敌制敌"，这是成吉思汗征服世界的一个大战略。几乎在每次较大规模的战争中，成吉思汗都处于劣势，为什么大多数又是以他获胜而结束呢？一位成吉思汗研究专家分析说：以敌制敌的策略，是他为了改变敌优我劣形势而采取的诸多措施中的一个重要方面，也是他取得成功的奥秘之一。利用敌人的力量打败敌人，是成吉思汗的成功秘诀。

铁木真与札木合的联合，是一场争夺权力和实力的游戏，从一开始就缺乏稳定的基础。虽然二人是金兰之交，但在最高权力的诱惑下，这些人的交情已经无足轻重了。由于方法得当，铁木真在蒙古族部民中威望日渐提高，势力日益壮大，一心想当草原霸王的札木合自然对铁木真急切地收聚部众的行为存有戒心，他总以长者自居，事事掣肘。而雄心勃勃的铁木真更是不甘心寄人篱下。一山不容二虎，信誓旦旦的安答关系，经不住现实利益冲突的考验，二人终于分道扬镳，各奔前程。

离开了札木合，铁木真就像是恢复了自由的鹰隼，可以在草原无垠的天空中任意翱翔了。他率领自己的将领、部众从斡难河中游的札木合营地，回到昔日的驻地，安营驻牧，独立建起了自己的宫帐——"斡耳朵"，正式打出了自己的旗帜。

蒙古族自从忽图剌汗死后，分崩离析，失去了强有力的领导核心，各部族开始自谋发展，以至部族内部也战争不断，势力大损，威望日下。战争的苦难，使人们期望新英雄的出现，成为新的草原霸主。铁木真的崛起，他的政治家和战略家的气魄，逐步得到更多人的尊重和投靠。札木合虽然也是领袖人物，但却声誉日下，在与铁木真的第一次竞争中，就落了下风，他的很多部下，因为不满他的所作所为，开始抛弃他，来投靠铁木真。很多别的部落的英雄勇士，知道铁木真自立门户后，也争相慕名而来。还有一批部族贵族因害怕被兼并，又想借助铁木真获得更多的财富，也带着自己的属民纷纷前来。很快，铁木真的力量像滚雪球一样，越来越大。据记载，背叛札木合投奔铁木真的有40多个贵族，20多个氏族部落，其中速不台后来成了举世闻名的大将。

由于大批蒙古人都聚集在了一起，选择一位可汗已刻不容缓。公元1184年，蒙古的乞颜部召开忽里勒台大会，进行可汗的推举。铁木真较

有竞争力的是忽图剌汗之子阿勒
坛、铁木真的堂兄忽察儿等人。
相比之下，铁木真的年龄最小、
资历最浅，势力也并不占优势，
获选的机会不是很大。但铁木真
策划得周密，首先即制造舆论。
在贵族大会上，铁木真又采取了
有利的策略，保证他当上可汗。

因为几位贵族都希望自己
当上可汗，谁也不服谁，所以
铁木真以退为进，当他们几个

成吉思汗雕像

互相猜疑、谁也不首先表态时，先发制人，提议阿勒坛当汗，但没人附
和，阿勒坛自己是不能推荐自己的，自然推辞一番，这样铁木真又推另
一位，也是同样结果，把别人推举完了，还是没有人能服众望，当时的
场面陷入了尴尬境地。这时，有贵族以神的名义发言了，他称铁木真当
汗是上天的旨意，谁也不能违背。在这种情况下，其他贵族既没有达成
协议，仍然各自心怀鬼胎。铁木真无疑占了主动。其他贵族谁也不敢公
开反对神旨，而又推不出一位与铁木真竞争的人选来，只好顺应形势，
推举铁木真了。

蒙古贵族推举可汗要发誓向可汗效忠，可汗有权力控制、指挥手下的
贵族和部众。但是贵族们都有自己的财产、军队、百姓，实际上相当于一

个个流动的诸侯国。尽管可汗权力很大，但若没有足够的力量控制手下，也只能徒有其名。铁木真虽然成了可汗，但其他几个没有当成可汗的贵族心中不服，又是他的长辈或兄长，所以铁木真还面临着严峻的考验。

铁木真称汗后，马上派人向脱斡里勒汗和札木合报告，脱斡里勒汗表示非常高兴。而札木合心里却不是滋味，他对前来报信的阿勒坛、忽察儿说："你们在铁木真和我之间挑拨离间，在我的腰上刺了一枪，给我的胸前砍了一刀，然后背叛我，离我而去。"

札木合感觉到了铁木真咄咄逼人的气势，如果坐视不管，铁木真将会给自己带来可怕的后果。因此他决定在铁木真羽翼未丰的时候，采取针锋相对的措施，给他一次沉重打击。为此，札木合联合了泰赤乌人、蔑儿乞人、塔塔儿人等各种势力，等待机会给铁木真致命一击。

铁木真的突然崛起在整个草原引起了轰动，在一年多时间中，一个名不见经传的穷小子竟然成了一颗耀眼的明星！他的对手们都惊恐不已，共同的利益使他们联合在一起，一场战争即将爆发。

"欲加之罪，何患无辞"。札木合早就作势欲扑，只是没有找到合适的机会。不久之后，他就如愿以偿了。公元1190年前后，一件意外的事情成了札木合与铁木真交战的导火线。当时札木合的势力与铁木真势力范围相接，札木合的兄弟对铁木真的怨恨甚深，率部下进入铁木真部下的牧地，抢走马群，结果被人一箭射死了。札木合闻讯，新仇加上旧恨，立即联合铁木真的仇敌泰赤乌人等部，集结成十三部联军，大约3万人，越过阿拉山，向铁木真的营地发起了猛烈的进攻。铁木真虽然没有充分的准备，但是并没有被彻底打垮，这应该归功于他的机智和超人的战略眼光。

战前有人向铁木真透露了消息，从而使铁木真避免灭顶之灾。实际上，这个人是铁木真安置在札木合手下的一个间谍。因为类似的事情在以后也曾发生过，曾几次使铁木真转危为安。

铁木真得到密报后，马上通知了各个部落和氏族，组织起军队，按照万、千、百人点数，组成十三翼。铁木真的母亲诃额仑统领的亲族、属民、奴婢等为第一翼；铁木真自己统领的直属部队，是全军的主力，是第二翼；第三翼到第十一翼，都是乞颜贵族们所属的部众；第十二翼、十三翼是新近来附的旁支氏族的部众。十三翼的全部兵力，大约有3万人。这次战役，尽管双方兵力相当，但铁木真初经大阵，猝不及防，显得有些慌乱。再加上联盟是新建立的，内部各存疑忌，军心不稳。这样一来，铁木真就处于劣势，不可能一举战胜札木合来势凶猛的3万骑兵。

为减少更大的损失，交战不久，铁木真就主动撤退到斡难河的哲列捏狭地。因为他采取措施拖住了札木合的主力，而使他自己的主力保存了下来。除了第十三翼溃不成军，损失惨重外，其他的大部队都按预期退入安全地带，没有受到大的损失。

札木合取得了胜利，得意地宣布："我们已经把铁木真赶进斡难河的狭地去了。"于是下令班师。返回途中，路经捏古思部时，因为痛恨捏古思人投靠铁木真，他气急败坏之下，竟下令把抓到的俘虏投入七十口烧着开水的大锅里煮死。札木合如此凶惨地对待自己的胞族和过去的部众，引起了强烈的不满，许多人觉得跟札木合征战，绝得不到好下场，于是大家纷纷逃散，投到了铁木真的帐下。所以，从长远看，铁木真虽然在战场上失败了，但在道义上、政治上却获得了胜利。这一战以后，铁木真的力量不但没有被削弱，反而进一步壮大了，他的声望也得到了空前提高。

泰赤乌贵族们在胜利之后，也是志得意满，对待部属动辄恃强凌弱，攘其车马，夺其饮食，结果引起部属的强烈不满。

铁木真比他们高明之处，就在于他善于笼络他人，甚至能够把对手吸引到自己一方。十三翼之战后不久，对札木合心怀不满的部族离开札木合，前来投靠铁木真。

泰赤乌属部照烈部的住地与铁木真的住地相近，有一天照烈人和铁木真都来到草原的一座山上打猎，铁木真有意拉拢他们，结果这一天的围猎十分顺利。照烈人很高兴，说："我们就在这里和铁木真一起过夜吧！"他们共有400人，由于没有带来锅和食粮，有200人回自己的住所去了，剩下200人在此过夜。铁木真得知这一情况，立刻下令把他们所需的锅和食粮都送了过来。第二天继续打猎，铁木真故意将野兽赶向照烈人一边，他们多所猎获。照烈人十分感激铁木真，说："泰赤乌部将我们扔在一边，不理睬我们。过去铁木真同我们没有交情，却厚待我们，给了我们这些礼物。他真是关怀自己的部属和军队的好君主。"

照烈人返回自己的营地时，一路上向所有的部落传播铁木真关怀他人、好善乐施的君主风度。不久，照烈部的首领带着自己的部分部众投靠了铁木真，他们对铁木真说："我们就像成了没有丈夫的妻子，没有牧人的马群，泰赤乌贵族正在毁灭我们。为了你的友谊，让我们一起用剑去作战，去歼灭你的敌人！"

铁木真热烈地回答他们说："我像个睡着的人，你拉扯我的额发唤醒了我；我坐着动弹不得，你从重负下拉出了我，使我能够站立起来。我要尽力来报答你！"

可以说，在铁木真后来的几个主要敌人中，札木合最为强大的。他年富力强，与铁木真年龄相当，而且曾经是结义兄弟，从各方面来说他们都势均力敌。但是札木合成长道路要比铁木真平坦得多，他年纪轻轻就成了札达兰部的首领，势力不断壮大，跻身于草原群雄的行列。而铁木真当时正受苦受难，牵着9匹马艰难过活，生活尚且不保，又怎么能问鼎逐鹿？

但是札木合的一帆风顺的经历使他养成了很多致命的弱点。十三翼之战中，他的实力远远比铁木真强大，在战斗中也取得了胜利，但他没有乘胜追击，在铁木真内部不稳、势力尚弱的时候一举消灭，他没有，取胜后就退兵了。为了对背叛他的人示以惩罚，他命人装了70口大锅把俘获的叛人活活煮死，结果适得其反。他使那些已背叛他的人不敢再回到他的手下，同时也激起了其他贵族的反感。这也注定他走上了一条和铁木真完全不同的谋权之路，也就是失败之路。

铁木真的一生经常面临险恶的环境和形势，这种外在的压力不但没有阻碍他向权力的顶峰冲击，反而使他超人的潜质不断发挥出来，这正是所谓的时势造英雄。铁木真最为成功的一点，在于他不论在何种情况下，都能根据实际的需要，采取恰当有效的策略，从而逐步达到自己的目的。

强大势力，与之结盟

铁木真运用谋略的开端，是利用王汗与其父亲也速该的亲密关系，借之为外援，以谋划恢复父业。不过，他并没有心甘情愿地追随王汗，当他看到金国强大的力量后，便不失时机的将之作为自己的又一个有力的靠山。从此之后，铁木真便纵横捭阖，施展各种谋略，逐步统一蒙古。

铁木真的父亲也速该是蒙古乞颜部的著名首领，他英勇善战，曾经多次率部击败强大的宿敌塔塔儿部，并掳获了塔塔儿部落的猛将。当克烈部的脱斡里勒汗被逼得走投无路的时候，也是他派兵把脱斡里勒汗从困境中挽救出来，恢复了他的部众，使其重登克烈部大汗宝座。

在铁木真9岁的时候，父亲也速该就被塔塔儿毒死了，但他对铁木真的影响，却始终没有停止。铁木真成年以后，走上了振兴蒙古部落、统一草原的谋权之路。铁木真的谋权道路，可以用两个词来概括：复仇和结盟。他充分利用了父亲给他留下的资源，利用他对克烈部脱斡里勒汗的恩德，使之成为自己的强大靠山，逐步铲除原来的敌人，扫清争霸道路上的一切障碍。

相比之下，其他各部落的首领绝大多数既无统一蒙古高原的大志，又无能力来统一蒙古高原。他们残暴地剥削、压迫所属广大部民、奴隶，他们所控制的部民、奴隶大多数只是在他们的淫威下被迫随同作战。绝大多数奴隶主贵族均忙于部落内争权夺利斗争和各部落间的无休止的互相掠夺、报复的战争，往往自顾不暇，根本无心也不可能去实现统一蒙古高原的伟业。札木合尽管有统一蒙古的野心，有较高的军事指挥能力，较强的政治才干和组织能力，组成了多部落的联盟，但是这种联盟只是各有自己利益的部落首领的松懈的暂时联盟，不能紧密持久的团结一致，尤其是联盟的各部落广大部众是在淫威下被迫随同作战，因此这种貌似庞大的联盟，经不起严峻的战争考验，不久就被击溃作鸟兽散，不可能进一步发展为实现蒙古高原的统一。

铁木真的结盟也不是完全巩固的，这是因为，他在结盟中一直把握好自己的分寸。无论是原来的札木合还是脱斡里勒汗，铁木真一直把自己当作他们的部属，处于服从地位，把更多的利益让给他们，这样换来了他们的信任和支持。在实力弱小的情况下，这样做是最明智的举动，不但可以在激烈的部落战争中保全自己，而且利用强大同盟的力量，还可以逐渐扩大自己的势力，脱颖而出。

铁木真和札木合从盟友变成仇敌，也是形势发展的结果。势力仍然处于不利地位的铁木真，必须有更强大的靠山。而恰恰在这个时候，铁木真的"汗父"脱斡里勒汗也疲于奔命，自顾不暇，以至于他被札木合十三翼武装打败，脱斡里勒汗也没有办法来帮忙。

脱斡里勒汗在父亲死后继承了汗位，为了独揽大权，他杀死了自己的两个弟弟：台帖木儿、不花帖木儿。另外两个免于被害的弟弟是额儿客合剌、札合敢不。脱斡里勒汗的叔叔古儿汗起兵讨伐，将他击败，驱往山谷。后来脱斡里勒汗借助铁木真之父也速该的力量，才得以恢复汗位。而这一次脱斡里勒汗的逃亡，则是他和弟弟额儿客合剌冲突的结果。

脱斡里勒汗恢复汗位后，又企图杀害额儿客合剌。额儿客合剌逃出，投奔了西面乃蛮部的亦难察汗。亦难察汗很怜悯他，也想乘机打击克烈部的势力，便出兵相助，击败了脱斡里勒汗。

脱斡里勒汗连弃三城，向西奔逃，其弟札合敢不投往铁木真，脱斡里勒汗一直逃到西辽的古儿汗那里。然而当时西辽也处在内乱之中，他又与古儿汗不和，因此难以在那里栖身。脱斡里勒汗在西辽不到一年，又踏上归途。他经过西夏时，随身所带只有五只母山羊和二三只骆驼。他挤着山羊的乳，刺着骆驼的血为饮食，骑着一匹瞎眼黑鬃黄尾马，穷困潦倒，来到漠北，这里曾经是他和也速该一起住过的地方。

听到了脱斡里勒汗的悲惨境遇，铁木真特地派人前去迎接他，铁木真又亲自到克鲁伦河的上源去见他，把他安顿在自己的牧地上。铁木真还从自己的属民那里征收了税物，供给饥饿贫弱的脱斡里勒汗使用。脱斡里勒汗之弟札合敢不这时正在金朝的边境上，铁木真请他回到蒙古。在他返回的途中，遭到蔑儿乞人的袭击，铁木真派人救援，札合敢不得以平安归来。

脱斡里勒汗在铁木真的帮助下，又回到故地。在这里，他大摆宴席，再次确认了他和铁木真的父子关系。

公元1197年，铁木真出兵攻打蔑儿乞部脱脱别乞，在莫那察地方击溃了属于蔑儿乞部的兀都亦惕部，进行了大肆屠杀、掠夺。尽管这次战斗是铁木真单独行动，为了博得王汗的欢心，铁木真还是把战争中夺来的牲畜、财物等全部献给了王汗，自己丝毫也没有留下。他通过这种办法，进一步巩固了和王汗的联盟。

在铁木真的帮助下，王汗的势力逐渐得到恢复。王汗是个非常贪心的人，公元1198年，他没有和铁木真商议，也没有约铁木真一同行动，他自己单独出兵攻打蔑儿乞部，打败蔑儿乞人，杀死了蔑儿乞部首领脱脱别乞的儿子脱古思别乞，俘获脱脱的两个女儿忽黑台、察剌温，还掳走了脱脱的两个儿子忽都、赤剌温。此外，王汗还夺得了无数牲畜、财物、人口，但是却丝毫没有给铁木真。铁木真虽然知道，也故作不知，避免引起双方的矛盾。

重新掌握大权后，生性多疑的王汗变得更加多疑，甚至对于铁木真，他也越来越不放心，打算对其下毒手。有一次他和铁木真一起开会，他事先布置了杀手，企图在宴会上把铁木真抓起来。宴饮时，巴阿邻部的阿速觉得气氛不对劲，起了疑心，为防不测他将刀子插在靴筒里做好准备。他还特意坐到王汗和铁木真的中间，一边吃喝谈笑，一边不断地左顾右盼，王汗知道阴谋已经败露，才打消了这个愚蠢的念头。

王汗的卑鄙行为不但激化了和邻近部落的矛盾，也激起了他的亲属和部下的愤慨，他们聚在一起批评说：我们这位汗兄，像吹灰似的杀戮亲族，是个心怀恶意不成器的人。他杀了自己的亲兄弟，逃到哈剌契丹去乞求保护，是个不爱自己的国家，受到艰难困苦的人。当初他7岁的时候曾被蔑儿乞人掠去，给蔑儿乞人捣米过活，是父亲把他救了出来。

他在13岁的时候，又和母亲一起被塔塔儿掠去，给人家放骆驼，他想尽办法才从那里逃出。后来他惧怕乃蛮的攻打，又往西边逃跑，穷途末路才来到铁木真这里，铁木真征收税物供养他。现在他却忘了恩情，再起恶念！

这些批评被人听到，告到脱斡里勒汗那里。脱斡里勒汗下令把议论他的人都逮捕起来，只有札合敢不得以脱身，逃到乃蛮部去了。脱斡里勒汗把被捕的人关到一个屋子里，斥骂他们说："你们说我在畏兀儿地方、西夏地方怎样来着？你们胡说什么！"使劲地唾他们的脸，其他人也都起来口唾他们的脸面，责罚之后才把这些人释放掉。

所有这一切，铁木真都看在眼里，但是他隐忍不发。因为他知道，脱斡里勒汗毕竟是强大的克烈部的统治者，为了事业，他还必须与之结盟，借助这位汗父的力量去削平更危险的敌手。

不久，就等到了千载难逢的机会，他要向宿敌塔塔儿人进攻了。

塔塔儿地处蒙古东部，是金朝的属部，也是蒙古诸部的世仇。长期以来，他们受金朝盼支持和怂恿，经常进攻乞颜、克烈等部，是金朝在东北一线防卫高原诸部侵扰的藩篱。不过，塔塔儿追随金朝，主要是慑于它的强盛，一旦有利可图，随时也可以背叛。

金章宗明昌六年（1195年），蒙古部落合答斤、翁吉剌等部侵扰金朝边境，金将夹谷清臣等率兵进讨，在合勒河一带攻下许多他们的营寨，夺获大量牲畜，胜利班师。塔塔儿人在金兵回师时，趁机将金兵夺获的许多牲畜拦劫而去，金朝派人命他们归还，不听，于是双方反目。次年（公元1196年），金朝皇帝派丞相完颜襄（蒙古人称他为王京丞相）率师征讨，将塔塔儿人击败。塔塔儿首领蔑古真薛兀勒图驱赶着牲畜逃向斡里札河，完颜襄派人继续追击。

这个消息传到铁木真那里，他立刻感觉到这是个千载难逢的机会。他赶紧派人到脱斡里勒汗那里请求协同作战："金国的王京丞相正在征讨。我们去攻打那杀害我们父祖的仇人塔塔儿吧！请汗父立刻就来！"

塔塔儿人曾经毒害铁木真的父亲也速该，脱斡里勒汗的祖父是被塔塔儿俘获，送到金朝被处死的，"为父祖复仇"，是铁木真和脱斡里勒汗的夙愿。脱斡里勒汗立即表示："我儿说得很对，我就去助战。"两天之内，便集合起军队与铁木真会合。

他们二人又派人到主儿勤部的撒察儿别乞那里要求助战。主儿勤的始祖斡勤巴儿合黑也是被塔塔儿人俘虏后，送到金朝被杀害的，因此撒察儿别乞等人理应参加对塔塔儿人的战斗。但撒察儿别乞等主儿勤贵族推举铁木真为汗，只是为了从蒙古部中拉出独立势力，伺机发展自己，而不久以前，他们又和铁木真发生过冲突，因此他们拒绝派兵前来。铁木真和脱斡里勒汗足足等了六天，也不见主儿勤人的兵马，只得率领自己的军队向塔塔儿人的住地斡里札河进发。

第二章 借势而起，善抓先机

当蔑古真薛元勒图率众筑寨防守时，铁木真和脱斡里勒汗赶来，一鼓作气攻下寨子，捉住了蔑古真薛兀勒图，将他处死。他们夺取了塔塔儿人的牲畜和财产，其中有银摇车和饰有珠宝的被子。蒙古人很少有这样的贵重物品，因此他们感到非常高兴，把这件事甚至当作了不起的胜利来加以渲染。

这次战斗，虽然没有能够彻底消灭塔塔儿，但使塔塔儿元气大伤，从此一蹶不振了。

金朝丞相完颜襄得到铁木真和脱斡里勒汗的协助，惩治了反叛的塔塔儿，十分高兴，他以皇帝的名义授给铁木真"察兀忽鲁"（又译作"札兀惕忽里"，意为部落之长）之职，封脱斡里勒汗为"王"，还表示回去奏明皇帝后，给铁木真封授更大的"招讨使"。脱里在汗号之上又冠以王的头衔，从此他便以"王汗"一名著称于大漠南北。当时铁木真的力量不如王汗强大，因此得到的官职不及王汗，但这件事对于他仍有重要作用。对铁木真来说，得到金朝的正式承认，变成朝廷命官的铁木真，号召力大大增强。从此，他得以用金朝官员身份统领蒙古诸部了。

当然，铁木真向金朝俯首听命，只不过是暂时的隐忍。他不会忘记，金朝也是杀害乞颜贵族的仇敌，当时他可能已经设想到了，在将来有了足够的力量的时候，金朝便是他第一个要消灭的目标。

不利因素，全部消灭

阻碍铁木真收揽权力的，不仅仅是札木合和其他的敌对势力，即使在蒙古部内部，也埋藏着严重的危机。铁木真不满足于只当一个部落联盟的首领，而是要成为世界大帝国的君王。他要做的，就是从自立门户的各个氏族手中，逐渐收取权力，改变行政组织，创建一个新的国家。阻止他这样做的，只能被清除掉。

铁木真自幼喜欢听老人们讲故事，从这些有关蒙古历史与人物的故事中，学习到辨别善恶是非及判断情势成败的能力。他生长在艰苦的环境中，能够虚心地接近各类人物，进而了解他们的心理反应，所以铁木真的人生经验，远比一般人丰富。他自开始为政，便立志吸取别人的长处，革除别人的短处和积弊。所以，他能集思广益，听取众人的意见，然后择善而从，彻底执行。为了巩固自己的汗位，他首先建立了内宿卫、外宿卫和散班巡察、物品供应四种部队，而这四种部队就是他指挥一切的行政首脑。

队长、总队长，都是他的侍卫官，同时也是他的得力参谋，更是随时可以派遣去独挡一面的大将。这样的组织，不仅可以保证他的命令得以有效地执行，而且可以把政治、军事和经济的大权，都集于一人之手。

首脑部门之下，还有两种组织，一个是组成十三个"古兰"，作为作战部队；一是对生产单位进行分工，如牧马、牧牛羊、对外贸易、招徕宾客、训练骑射、围猎、户口、技术等，这都是军国体制下的野战军与政治组织。铁木真为了自己的部属可以作战，更将部落的百姓分给各个将领。将每十个生活在一起的壮丁组成一个十夫队，让其中的一人担任十夫长，而每十个十夫队组成一个百夫队，任命其中的一个十夫长担任百夫长，再在百夫队的基础上组成千夫队，而千夫长就是将军。各级为长者发展并运用就近可用的资源，来养育、训练、支持和协助他们所指挥的部队，使之保持精力充沛，士气高昂，信心坚定，能以最好的状态参加作战行动。这是一种能够调动各级军官与士兵活力的体制，在蒙古历史上是第一次出现，充分反映了铁木真的战略之谋与组合之谋。

通过这一改革，他的直系部队已不是传统的部落集团了，而是具有雏形的国家组织。对于其他的贵族，他暂时还无力加以过多的限制，但是随着形势发展，他正用新型的国家机器去开拓领土，这是他成功的重要因素之一。但是，一些原来的氏族首领见权力受到削弱，对铁木真开始不满起来，其中主儿勤部首领撒察儿别乞、泰出最为突出，他们也在寻找机会，开始破坏活动。

当札木合纠集十三个部落，发动了十三翼之战，铁木真也针锋相对，组织了十三翼进行抵抗。但撒察儿别乞、泰出两人率领主儿勤部临阵撤出，破坏了整个作战计划。这使铁木真面临更为严重的局面，最后不得不撤退，以保存实力。主儿勤部不服从大汗的命令，违背了当初拥立大汗时的誓言，按理应当受到惩处。但此时铁木真失败，最重要的是收服人心，所以暂且放到一边。为了更大的事业，铁木真不得不隐忍下来。

可是过了不久，又发生了新的冲突，使双方的矛盾更加激化。

十三翼之战后，由于札木合和泰赤乌人的横暴，许多原属于他们的人马前来投奔铁木真，大大加强了铁木真的力量。铁木真非常高兴，便和母亲、弟弟以及主儿勤的撒察儿别乞、泰出等人在斡难河边的树林里设宴庆贺。司厨失乞兀儿在诃额仑夫人、撒察儿别乞、撒察儿别乞的母亲忽儿真前面放了一只合用的盛马奶酒的木碗，而在撒察儿别乞的次母（父妻）额别该面前放了一只让她一个人用的木碗。忽儿真看到比自己地位低的额别该受到优待，顿时愤怒起来。她怀疑这是铁木真的主意，但不便直接向铁木真发作，便斥骂司厨失乞兀儿说："今天为什么不尊重我，却偏向额别该呢！"下令鞭打了失乞兀儿。失乞兀儿被打，大声哭喊道："也速该把阿秃儿、捏坤太子都死去了，所以我才这样被人责打！"

铁木真和诃额仑夫人因为主儿勤是乞颜氏族的长支，对此什么话也没说，忍耐下来。紧接着另一场冲突又一次检验了铁木真的军队战斗力。这次宴会时，铁木真的弟弟别勒古台掌管铁木真的系马桩，不里孛阔掌管撒察儿别乞的系马桩。合答斤氏的一个人偷窃了铁木真这边的马缰绳，被别勒古台捉住。那人是不里孛阔的部下，因此不里孛阔袒护他。为此互相争吵起来。别勒古台平素就惯于争强斗狠，便把右衣袖脱下，露出右肩膀，准备搏斗。不里孛阔则抽出刀来，一下子砍伤了别勒古台的肩膀。

别勒古台不愿为自己的事影响大家，所以虽然受了伤，还是满不在乎的样子，没有继续争斗下去。铁木真看到他肩上流血，问道："被谁砍成这个样子？"别勒古台回答说："我的伤不重，不要紧。不要急于报复，为我而闹得彼此失和，这可不好。"

司厨失乞兀儿被主儿勤人责打，别勒古台又被主儿勤人砍伤，铁木真终于无法忍受，他不理睬别勒古台的劝告，挥令部下折取树枝，又抽出捣马奶子的木杵，与主儿勤人厮打在一起。铁木真占了上风，打败了主儿勤人，还把撒察儿别乞的母亲忽儿真和撒察儿别乞的另一庶母火里真扣押起来。

主儿勤部的首领撒察儿别乞和他弟弟泰出只好求和。铁木真也还需要主儿勤的支持，不想与之完全破裂，于是放还了两位夫人。撒察儿别乞等虽然一再向铁木真认错道歉，暗中却怀恨在心。宴会过后，就将铁木真如何骄傲，如何盛气凌人，如何不讲道理，胡作非为，实非帝王之相等等，到处宣扬，以报复铁木真。

各部落的人，都知道铁木真早年曾经射死自己的异母兄弟别克帖儿，现在表现得志骄气盛，看来也是一个胸无大志之人。而且主儿勤部也是合不勒汗长子的后人，铁木真的孛儿只斤部落，是合不勒汗的次子之后，于是大家认为，两个兄弟的部落，都不能和好相处，又怎能与其他各部落和好相处呢？所以大家逐渐认为，以前所传说的铁木真才德如何好都不是真实的。因而许多想前来投奔的部落，都中途改变主意，而希望札木合能够改过向善，他们再去拥护札木合为汗。

铁木真了解到事情真相之后，知道是由于自己的骄傲所招致，于是便和别勒古台、博尔术、忽必来、速不合等人商议。有的人主张立即攻打主儿勤部，以除去祸根。别勒古台则不同意，他说："我们正准备干大事，怎能对小事不加忍耐，而挑起宗族之间的仇恨？应该是自行修德，以感化主儿勤部，使之能够回到身边来。"铁木真认为有道理，就听从了别勒古台的建议，暂时搁置，试图通过各种方式，将主儿勤部拉回来。

当金国和塔塔儿人发生战争时，铁木真立即便派使者到蒙古各部中宣扬说："金国命令各部随军征讨叛逆的塔塔儿部，是报复祖宗大仇的良机，我们应当全力从征！"他认为利用给祖先复仇的口号，能重新唤起蒙古部落的向心力，主儿勤部也会应召而来，这样，双方就又能重归于好了。

主儿勤部的领地在铁木真领地之北，自从他们与铁木真失和之后，不常来往，此次征兵为祖宗报仇，不敢不从命，但惧怕铁木真在战斗指挥中，加之以罪，迟迟不肯行动。铁木真为了使之必来，再次派使者前往劝告说："在前塔塔儿将我们祖宗杀害的怨仇，未曾得报。如今金国派完颜襄丞相前来剿灭塔塔儿部，我们应当趁此机会，去夹攻他。你们主儿勤部是蒙古名箭手聚集的部族，为祖宗报仇，应当出大力，因此我一定要等到你们前来助战。"主儿勤部首领最终也没有前来。铁木真等了6天，见主儿勤部竟然放弃为祖先复仇的大好时机不来，顿时明白，他担心主儿勤部会利用他出击时在其后方发动叛变，防人之心不可无，于是他设下了一个陷阱，留下少数老弱残兵看守营地，然后率领整个部族，帮助金人夹攻塔塔儿部。

这次战役，几乎使强大的塔塔儿部落全军覆没，完颜襄因铁木真立下大功，册封他为招讨使。从此以后，铁木真便成为金国的命官，这对于他今后借用金国天子之诏命令蒙古部落，更为有利。

当铁木真围攻塔塔儿部最后的一个城寨之时，看到此寨虽然死守，但肯定会攻破，不需全部部队都在此硬攻，而塔塔儿部其他的溃兵，也有王汗前去追赶。他把目光投向了下一个打击目标。铁木真判断，主儿勤部一定会趁此机会举兵反叛。于是尽抽调主力，连夜沿河西行，各军成分进合击之势，以期一举歼灭主儿勤部。

主儿勤部首领撒察儿别乞与他弟弟泰出还不知铁木真已设下陷阱，在听说铁木真正率军攻打塔塔儿部之时，以为有机可乘，就出动全部的兵马，连夜奔袭。可是，攻破这座营寨之后，才发现那只不过是一座空寨，所留只有老弱，撒察儿别乞一气之下，杀死其中的10个人，而把剩下的人全部剥光衣服，让他们报告成吉思汗。但是万万没有料到，剩下的人还没有出营寨，铁木真的部队就已从四面八方攻进寨来。

主儿勤部的人根本没有想到会有这种情况，以为铁木真的人马是从天而降，一时都吓得目瞪口呆，哪里还有斗志还手搏杀，结果全部被铁木真俘虏，只有撒察儿别乞和他弟弟泰出，慌乱中各夺得一马，死命冲出寨外，向北逃去。铁木真见他二人逃出，派出精兵快马，随着他们的足迹紧追不舍，终于把他们生擒活捉，押回营寨。

铁木真派人把撒察儿别乞、泰出押到自己面前，历数他们的罪过说："以前在斡难河林边宴席上，你的人将厨师打了，又将别勒古台肩部砍伤，我看在兄弟份上，都不深究，只求和平相处。可你们却一直不肯与我和好，这次为祖宗报仇，你们都是蒙古祖先的子孙，正该出力，可你们却忘掉祖仇，等了六天也不来。不去报仇也罢，你们倒靠着仇家，帮助仇家，来把本家当作仇人。当日你们推选我为汗时，都是怎么说的？现在应该实践你们自己当初的誓言吧！"撒察儿别乞二人无地自容，只好引颈受戮。铁木真下令处死了他们，把他们的部众分给了诸位将领。

铁木真并没有忘记在斡难河边的宴会上别勒古台被砍伤这件事。行凶的不里孛阔是合不勒汗第三子的儿子，在辈分上是铁木真的堂叔，在铁木真与主儿勤部的斗争中，他是主儿勤的得力帮手。据说不里孛阔有"一国不及之力"，所以得到"孛阔"的名字，"孛阔"的意思就是"力士"。铁木真在处死撒察别乞和泰出之后，开始寻找机会铲除他们的这个帮凶。

不里孛阔是蒙古部中的角斗高手，有一天，铁木真安排了摔跤比赛，他点名让别勒古台和不里孛阔二人进行角力。不里孛阔力气大，技术娴熟，只用一只手就把别勒古台捉住了，然后用一只脚把他绊倒，压住他动弹不得。但是不里孛阔畏惧铁木真在场，不敢使出全身力气相搏，所以他尽管已经取胜，却假装摔倒在地。别勒古台趁机翻身骑到不里孛阔的身上，压住他的肩膀，并抬头目视铁木真。铁木真正期待着这个场面，他向别勒古台咬住自己的下唇。这是一个预定的暗号，意思是"可以下手了"。别勒古台会意，于是用膝盖顶住不里孛阔的脊背，双手扼住他的喉咙，用力折断了他的脊梁骨。不里孛阔被折断脊骨，仍不服输，说："我其实并未失败，只因为畏惧铁木真，故意跌倒，所以送了自己的性命。"说罢死去。别勒古台把不里孛阔的尸体拖出去，抛在野外。

主儿勤是合不勒汗的七个儿子中的长子的后代，因为是长子，所以合不勒汗从自己的属民中挑选出"手能挽弓的、胸有胆识的、器宇轩昂的"百姓给了他。如今，主儿勤的有胆有勇的百姓都归属了铁木真，成为他的百姓。

作为一个天才的统帅，铁木真有一套杰出的本领，也就是集权。他明白自己当时面临的情况，所以第一步也就是巩固自己的阵营。就任后，他立即开始施展自己的权威，着手建立和健全自己的政权机构，所以他能在后来的草原争斗中，屡战屡胜。

内部的矛盾不消除，前进的道路就会遇到意想不到的危险。主儿勤部虽然是铁木真的近亲，却成为他集权道路上的主要障碍，因此也就成了他必须清除的势力。他采用了诱敌深入的策略，使主儿勤首领掉进预先设好的陷阱，一击成功。消灭了亲族中最有势力的长支贵族，铁木真得以进一步集中了汗权，其他一些氏族首领，有了主儿勤的前车之鉴，也大多乖乖地听命于铁木真。而铁木真又开始不断削弱旧贵族的权力和地位，让他们成为汗权之下的奴仆，只可以输诚尽忠，失去争权夺利的能力。

对待敌人，绝不留情

对于敌对势力，铁木真从不手下留情。王汗打仗只是为了夺取财物，铁木真则不然，他看到的是草原的最高统治权。为了走上权力的顶峰，任何对手都要消灭。当敌人势力削弱的时候，正是他下手的好时机。

公元1200年春，铁木真和王汗在萨里川相会，经过一番秘密商议，决定共同出兵攻打泰赤乌部。泰赤乌部是铁木真的死敌，他们曾多次和铁木真交战，这一次，他们又和蔑儿乞部人联合起来，来对抗铁木真、王汗的进攻。蔑儿乞部首领脱脱别乞派他的儿子忽都等人率领军队前来援助泰赤乌部。

战争在斡难河地区展开，经过激战，铁木真、王汗联军击溃了敌人。王汗掳掠了许多牲畜、财物后，见好就收，就带着自己的军队回去了。而铁木真关心的则不是财物和人口，而是要一鼓作气，彻底消灭这一支死敌，为自己进一步统一草原，争夺最高的统治权扫清障碍。于是他率领军队乘胜追击，歼灭了泰赤乌军队的残余，并擒杀了忽都答儿等泰赤乌氏首领。其他一些侥幸逃过的泰赤乌氏贵族纷纷逃到别的部落。泰赤乌部已经基本上瓦解了，铁木真的目的达到了。

不过，铁木真并没有就此罢手。紧接着，他把目光投向了原属于尼伦蒙古的合答斤、撒只兀等部落。这两个部落分布在呼伦湖东面，他们的始祖是蒙古部始祖阿阑豁阿感受天光所生三个儿子中的不忽合塔吉（合答斤氏）、不合秃撒勒只（散只兀氏）二子。这两个部落人多势众，勇敢善战，拥有较强的力量，甚至连金国也不放在眼里，连年侵扰金国的西北部边境。弘吉剌等部的驻地在呼伦湖周围和以北地区，也经常侵扰金国西北面的边境。

1195年，金朝派遣左丞相夹谷清臣统率大军向这三支部落发动猛烈攻击，又在1198年派遣完颜襄等率领大军前来征讨，斩首1000多人，俘获了大量人口、牲畜和财产，大大削弱了他们的力量。不过此时金国的势力已经日渐衰微，所以在得胜之后却无力继续守卫边境，反而向内迁移了这一带的界壕边堡。两虎相争，给铁木真提供了难得的可乘之机。

在此之前，铁木真刚刚被推选为大汗的时候，他曾派遣使者来到合答斤、撒只兀二部，对其首领表示，既然同属于蒙古部落，就应当联合起来，共同对付敌人，希望和他们结成联盟，友好共处。这个时期，蒙古人还没有文字，只能口头传达意思，长期以来形成了采用巧妙的押韵的隐喻语言的习惯，使者就采用这种语言传达了铁木真的意思，合答斤和撒只兀的首领们却没有听懂。这时有一个伶俐的小伙子却猜到了这些话的意思，便对他们说："这些话的意思很明白。铁木真告诉我们说，和他们不是一家子的蒙古部落，如今都成了他们的朋友，彼此结了盟。我们和铁木真是一家子，就更应当结盟做朋友，快快活活过日子。"

这个时候，铁木真的势力还很微弱，而两个部落却以骁勇善战纵横草原，部落首领根本没有把初出茅庐的铁木真放在眼里，不但没有同意，反而辱骂使者，把锅里正煮着的羊血、羊内脏泼在使者脸上，使者受辱而归，对铁木真来说，这是极大的侮辱。但为了集中精力对付其他更大的敌人，铁木真还是忍了下来。

此后，合答斤、撒只兀部又多次和泰赤乌部联合，同铁木真为敌。这样，这两个部落成为铁木真争霸路上的绊脚石。

几年之间，铁木真借助王汗的力量，充分发挥他足智多谋的长处，迅速崛起，合答斤和撒只兀这两个部落的首领也越来越不安，感到铁木真就要对自己下手了。

铁木真和王汗击败泰赤乌部落之后，合答斤和撒只兀人更加紧张，他们知道灾难迟早要来临了。为了避免受制于人，他们计划先下手为强，突然袭击。他们联合了朵儿边、塔塔儿、弘吉剌等部，在海拉尔河下游北面的阿雷泉举行盟誓。

他们一起举剑砍杀牛马，订立了蒙古人中间最重的誓约，说："天地之主请听吧，我们立下了什么样的誓约啊！看这些牲畜，如果我们不遵守自己的誓言，破坏誓约，就让我们落得跟这些牲畜同样的下场！"

发誓共同对抗铁木真、王汗。他们组成五部联军，计划先发制人，出兵攻打铁木真。

铁木真的岳父德薛禅是弘吉剌人，他知道消息后，就连忙暗中派人报告铁木真说："你的敌人们订立誓约，结成了联盟，齐心协力地朝你们方面出动了。"铁木真闻讯，立即和王汗商量，进行了周密的部署，会同王汗从斡难河地区的虎图泽出发，向敌人发动反攻。

到了秋天，双方在捕鱼儿海附近遭遇，展开激战。经过残酷的厮杀，王汗、铁木真联军击溃了合答斤、撒只兀等五部联军，给其以毁灭性的打击，俘虏了很多部众，掠夺了大量牲畜和财宝，铁木真全部交给了王汗。

这年的冬天，王汗率军沿河东行返回，铁木真的军队驻扎在金边墙附近的彻彻儿山。他并没有闲着，而是利用这段时间，独自对付一些势力不是很强大的部落，逐步拓展地盘，壮大实力，清除敌对势力。他发兵攻打塔塔儿部察忽儿斤·帖木儿、蔑儿乞部阿剌兀都儿、泰赤乌部乞儿罕太师的联军，最后大获全胜，击溃了塔塔儿等部联军。

铁木真和王汗联军的凌厉攻势极大地震惊了其他部落，他们感到危险日益逼近自己，在共同利益的促使下，诸部首领决定结成联盟进行对抗。公元1201年，札木合纠集了合答斤部、撒只兀部塔塔儿部等被铁木真和王汗打败的部落首领，联合起来，结成联盟。札木合以为自己的密谋天衣无缝，偏偏就在内部出了问题，让铁木真抓住了机会。

豁里歹是豁罗剌思部的人，当札木合等人密谋的时候，他在无意间听到了。他因为私事去女婿蔑儿乞台家，便把这件事告诉了女婿。蔑儿乞台听后非常震惊，对他说："你应当将密谋报告给铁木真！"为了争取时间，他还把自己的一匹耳朵上有个瘤子的浅色马送给了他，让他骑上赶快前去。豁里歹说："你既然打发我去，为什么不给我一匹更精壮的马呢？"但是蔑儿乞台没有其他更好的马，豁里歹只好骑上这匹马出发了。在路上，他遇见一支属于泰赤乌部的军队，豁罗刺思部的哈刺箴力吉台正带着护卫军在巡哨，将豁里歹捉住。哈刺箴力吉台认出了豁里歹，但因为他也对铁木真早已倾心，所以毅然放了豁里歹，并且送给他一匹快马，说："如果你想逃开敌人，骑在这匹马上谁也追不上你。如果有人逃跑，你也能追上他。你骑上这匹马去吧！"

豁里歹刚刚走出不远，就碰到另一支前往札木合那里集合的军队，他们见到豁里歹，怀疑他通风报信，想抓住他，豁里歹鞭打快马，疾驰而去，摆脱了追击，很快来到铁木真那里，向其报告了札木合等人的阴谋。铁木真立刻通知了王汗，王汗闻讯起兵前来会合。

铁木真和王汗的联军沿着怯绿连河前进，铁木真派阿勒坛、忽察儿、答里台斡赤斤三人为前锋，王汗派桑昆等人为前锋，在前锋之前，另设探哨。探哨得知敌人前来的消息，赶紧报告。为了获得敌人的准确情报，铁木真并没有让军队扎营，而是继续前进，迎上前去。

札木合的先锋部队是泰赤乌部的阿兀出把阿秃儿、乃蛮部的不欲鲁汗、蔑儿乞部脱脱的儿子忽秃、斡亦刺部的忽都合别乞，也在急速赶来，很快两军在海拉尔河的附近草原相遇。因为天色已黑，暗夜作战，容易自相残杀，于是双方约定第二天再战。

第二天，两军展开了激烈的厮杀。由于札木合联军是乌合之众，在铁木真和王汗大军的反复冲击下惨遭失败，各部首领顿时把当初的誓言抛到了脑后，纷纷带着溃军四散奔逃。乃蛮部的不欲鲁汗向西逃到自己的驻地阿尔泰山；蔑儿乞部的忽秃向色楞格河逃去；泰赤乌部阿兀出把阿秃儿逃往斡难河；斡亦刺部的忽都合别乞退往森林地区。在逃跑途中，札木合竟然大肆抢掠推举他为汗的其他部落的百姓，然后向额尔古纳河方向逃走，这样一来，他不但遭受了战斗的惨败，也失去了人心，经过这一战他众叛亲离，已经没有力量再一次组织对铁木真的战斗了。

为了扩大战果，王汗率领人马沿着额尔古纳河追赶札木合，铁木真则追击泰亦乌部的阿兀出把阿秃儿，一直追到斡难河边。阿兀出把阿秃儿残兵犹斗，重新组织力量作困兽之斗，双方在斡难河边进行了一场异常惨烈的大战，战事一直持续到夜幕降临。

战斗进行的异常惨烈，混战中，敌军的一名勇士趁乱一箭射中铁木真的脖颈，铁木真立刻血流如注，一下子昏迷了过去。铁木真从战马上摔落下来，他的部将立刻飞奔到他身边，用战马将他带到安全地带，拔出箭头，用口吮吸干伤口的淤血，用衣服包裹好伤口，守候在铁木真身边。一直守护到半夜铁木真才苏醒过来了，铁木真气息微弱地说："我的血要干涸了，我渴……"为了救回主人的生命，部将决定冒险。他把靴、帽和衣服统统脱下，只穿着短裤潜入敌营，希望找到马奶来给铁木真喝。战乱之中谁还会顾得上挤马奶呢，部将找了半天却怎么也找不到。

部将没有放弃，更加细心的仔细搜寻，也许上天也被他的忠贞之心打动了，部将意外地在一辆车上发现一桶酸奶子，他大喜过望，偷偷地带了回来。在整个偷奶过程中，敌人都已睡熟，对他的行动浑然不知。

部将拿回酸奶子后，找来水将酸奶调好，小心翼翼地盛给铁木真喝。铁木真连饮了三口，气息稍定，说："我的心里畅亮多了。"于是坐了起来。这时东方已经初现曙光，铁木真视力已经清晰了，看到自己身边的一大摊血水，有点不大舒服，责问道："怎么回事？为什么不吐远一点！"对于铁木真没有感激之意的责问，部将回答说："您在昏迷之中，我不敢远离，只好将吸出的淤血吐在身边，我肚子里也咽下去不少。"铁木真又问："你这次冒险去为我偷奶，如果被敌人捉住，岂不是要将我供出吗？"部将坚定地说："我为了不被敌人发现丝毫破绽，就故意赤身前往。倘若被捉，就说我本打算投降，被发现后剥去了衣服，我挣脱绑索逃出，敌人见到我的样子，必然会相信我的话。我可以借机寻得一匹马逃回来。大王，我是这样考虑的，所以在你安睡的时候私自跑出去了。"铁木真被部将的忠诚之举深深地打动了，他说："我还能说什么呢？以前我被部将蔑儿乞人追，他们围绕不儿罕山搜查了三遍，那时你就曾救过我的性命。现在你又用口吮吸我的淤血，救了我的性命。我口干缺水，你又舍命到敌营去寻来酸奶子，再次挽救我的性命。你这三次大恩，我铁木真永世不忘！"

泰赤乌人并不知道铁木真已经受伤，在夜晚的时候，他们就有一部分士兵偷偷逃离了战场。天大亮以后，泰赤乌人已经完全丧失了决战的勇气，趁着黎明的夜色溃逃去了，泰赤乌的属民被抛弃在营地里，这些属民都被铁木真收服。铁木真没有顾及自己的伤病，带兵乘胜追击，把泰赤乌贵族阿兀出把阿秃儿、忽都兀答儿等人以及他们的子孙统统杀死。经过这次大战，铁木真的一个主要劲敌泰赤乌部覆灭了。

草原上各个蒙古部落残酷的斗争现实，让铁木真不能有丝毫的麻痹之意，他打败敌对联盟依靠的不仅是果断的出击，还有胜利时刻的痛打落水狗精神。颈伤不能阻止铁木真的追击步伐，因为他知道，倘若喘息的敌人发动反扑，带给他的是远大于此的痛苦。

善抓先机，抢先下手

"一山难容二虎"，这一句千古相传的古训在蒙古大草原上得到了应验。当铁木真这一只初生的幼虎渐渐成长起来的时候，他所依赖的伙伴再也不能容忍他的继续成长，因为他的目标绝不仅是填饱自己的肚子，而是称霸整个草原。铁木真无法掩饰身上的霸气，他就无法阻止盟友变成敌人。作为一个弱者，铁木真只有先下手为强，才能抢先一步击倒敌人！

纵观铁木真的崛起过程，几乎每一个阶段都有他所借助的力量。他最初的强大，是因为借助了草原雄鹰王汗的力量。如果没有王汗的支持，铁木真不仅无法在草原立足，甚至有可能在仇家的追杀中被杀死、饿死，日后的崛起更无可能。铁木真审时度势，意识到自己险恶的处境必须依托一个强有力的靠山，只有先安身立命，才能谋取以后进一步的发展，而王汗也清楚地认识到自己的力量也不够强大，需要成吉思汗这样的草原壮士的支持，丰满自己的羽翼，因此二者的结盟成为必然。铁木真小心翼翼地维护着同王汗的结盟，他每次出兵，抢得的牲畜、财物大部分都要献给王汗，这些手段博得了王汗的信任，巩固了与王汗的关系。但是后来随着形势的发展，王汗对铁木真越来越放心不下。铁木真日益强大，与他们平起平坐，平分权益，对自己构成威胁。札木合兵败之后，王汗没致他死地，反而收留了他，其用心显然是为了防备铁木真。

札木合投靠了王汗之后，开始影响到铁木真与王汗的联盟关系。乃蛮人四处行动，对王汗的利益构成了很大的威胁，札木合于是向王汗献计，说乃蛮之所以如此猖獗，是因为成吉思汗同他们暗通，乃蛮人有恃无恐，所以不把他王汗放在眼里。王汗本来对铁木真的日益壮大感到担忧，他害怕乃蛮人和铁木真走到了一起，于是听信了札木合的谗言，弃铁木真而独立行动，发动了对乃蛮人的进攻。王汗出师不利，几个回合下来，竟然被乃蛮人所包围，面临着全军覆灭的危险。这时铁木真得到了消息，他出兵相救，击溃乃蛮人的包围圈，王汗才转危为安。经过这一事件，王汗对铁木真的信任稍稍恢复了一些，铁木真也想趁机加强他们之间的联系，他准备用联姻的方式给同盟加一层保障。

桑昆一口拒绝，并且骄傲自大地说："我的女儿如果嫁到他家，只

第二章 借势而起，善抓先机

能站在门后做婢妾，要仰看主人的眼色。他的女儿如果嫁到我家，是做到正位上做主子，俯视在门后的婢妾们。"桑昆的言辞激起了铁木真部下的愤慨，他们纷纷要求解除婚约，惩罚桑昆。铁木真也感觉受到了极大的侮辱，作为一个家长，他绝不能接受他人侮辱性的拒绝婚约，但作为一个部族的族长，一个一心要称霸大草原的男儿，他默默地承受了下来。因为他深知这时自己还不具备与王汗抗衡的能力，绝对不能和王汉翻脸。

铁木真的让步使桑昆更加得意忘形，铁木真的日益强大则使桑昆日益寝食难安。他越来越不能容忍，通过亲信向王汗禀报说："铁木真有野心，他图谋叛变，我们必须先下手打垮他。"王汗当然不像桑昆一样无能而冲动，他心怀野心，觉得铁木真是一个可用之材，只要好好加以控制，是对自己极为有利的。他从铁木真身上尝到过许多甜头，铁木真不但每次把掠夺的财物的大部分都送给了他，而且救过他几次性命，从不忤逆自己的意图。起初，王汗警告儿子桑坤不要搬弄是非，后来铁木真屡建奇功，王汗也生起顾虑来。他禁不住儿子的挑拨，对铁木真的信任逐渐消失，尤其是在严峻的形势面前，铁木真日益壮大，而自己年龄日益增长，他不得不改变原来的态度。

经过长期的谋划，桑昆和札木合精心设计了一个计划，他们打算以答应铁木真的求婚为理由，邀请他赴宴，趁机在宴会上将他除掉。计划定好后，二人把详细的安排禀告给了王汗，在一番思想斗争之后，王汗采纳了建议，决定除掉铁木真。定下了计策，桑昆就派人通知铁木真，同意把女儿嫁给铁木真的儿子，请他喝许婚酒。铁木真十分高兴，把桑昆的邀请信以为真。到了酒宴那天，成吉思汗率领礼节队伍，准备了礼物浩浩荡荡的出发了。刚走出营账，铁木真一行遇见了抚养他成人的老人蒙力克。蒙力克见铁木真一行兴高采烈，就询问他什么事情如此高兴，铁木真下马向蒙力克说明事由，蒙力克听后，立刻面色阴沉起来：

"桑昆阴险狡诈，王汗老谋深算、出尔反尔，此轻易答应婚事，这肯定是个陷阱，一定是他们设了阴谋，要打探清楚。"

蒙力克的一番话提醒了铁木真，经过这一番点拨，他恍然大悟。他立刻停止队伍前进，依蒙力克之计，派两名随从去告知王汗说春天马瘦多病，不便长途奔波，等秋天马肥之时再去赴宴。

计谋不成，王汉父子决定直接向铁木真宣战，刀兵相见。他们乘铁木真没有防备，第二天早晨一早去围捕铁木真。本来这个计划天衣无缝。但是铁木真命不该绝，一名贵族参加了这个会议，回去后就把这个情况对妻子说了。恰好被送马奶来的牧马人巴歹听到，巴歹是铁木真的间谍，他与另一名间谍乞夫里黑商议之后，当夜骑马赶到铁木真驻地报信。

在铁木真的毡帐后面，巴歹和乞夫里黑将他们了解的情况完全禀报给铁木真，铁木真听后大惊，立即召集部下，命令他们抛弃所有贵重东西，连夜轻装撤退。队伍一路狂奔，第二天夜晚，他们队伍人困马乏，行动速度逐步放慢下来，王汗的前锋骑兵很快就追到了。铁木真不顾队伍疲劳，立即下令整顿队伍准备迎战。

王汗父子蓄谋已久，经过充分准备，调集了大量军队，在数量上远

第二章 借势而起，善抓先机

远超过了铁木真的力量。但是他们对铁木真心存忌惮，王汗为了稳妥起见，下令组成四支主力纵队，准备轮番向铁木真进攻，一举消灭他。札木合本来不想为王汗出力，他只希望王汉与铁木真相斗，两虎相争，必有一伤，自称正好从中渔利。他见王汉势力占绝对优势，铁木真难以抵挡，为了让两人血拼，扎木合又暗中派人把王汗的战斗布置通知了铁木真，让两人都受重伤。王汗请札木合为总指挥，带兵与铁木真交战时，札木合一口回绝，并且为了保存自己的实力，在战争一开始的时候，他就离开了战场。

因为得到了王汗的军事部署，铁木真是从容应战，他针对王汗军队的布置作了精心的安排，用勇敢善战的兀鲁兀人当前锋。当战斗开始的时候，兀鲁兀人按照成吉思汗的声东击西战术，一连击败了王汗的四个纵队，还射伤了桑昆，阻止了敌人的进攻。铁木真则趁着敌人混乱率领众人边打边撤，王汗准备继续追杀铁木真，他的部将阿赤黑失仑劝告他，先给桑昆养伤要紧，王汗听信了他的话，没有继续追赶下去，给了铁木真喘息的机会。铁木真抓住时机，留下少量精锐骑兵断后，迅速率领部下突出包围圈，摆脱了王汗的追杀。这次战斗是铁木真在草原征战过程中最危险的一次战斗，在敌众我寡、力量悬殊的情况下，保存了实力，这对他以后的发展有决定性意义。但是经过一番苦战，铁木真实力大减，不得不避开克烈部，积蓄势力以待时机。

铁木真退至蒙古地面的最东边陲贝尔湖一带地方，几乎被赶出了蒙古疆域。但是，随着他逐渐接近大兴安岭，在走出位于下克鲁伦河流域和捕鱼儿湖地区的那片凄凉而令人伤心的草原时，他又找到了牧草丰美的牧场和森林。他可以在这里使因被迫大撤退而精疲力竭的人马得到很好的休养，可以在那里积蓄力量，训练兵马。他不断地收附民众，扩大力量，收服弘吉剌部是这一期间一个很大的成果。铁木真不敢有丝毫懈怠，为防止王汗再次攻打，铁木真派使者向王汗表明自己的忠心，没有任何对不起王汗的地方，更没有背叛的野心。铁木真还责备王汗的背盟行为，斥责王汗不信守诺言，指责他听信小人的言论，把他们的挑拨离间当成了忠言。铁木真再次诚心提出讲和，并追忆以前王汗对自己的种种好处，这样使王汗听起来十分受用，他说："唉，我老糊涂了。以恩报仇，与我儿铁木真分离，实在不是做人的道理。"他打消了继续进兵的念头，与铁木真重修旧好，并与他歃血为盟，以示真诚。

与王汉重新修好之后，铁木真决定追究扎木合等人的责任，他派人责问札木合、叛徒阿勒坛等人："你离间了我与汗父，现在我与汗父准备重归于好，希望你们不要再次对我们挑拨离间。"本来王汗与铁木真的修好令札木合等人万分害怕，现在铁木真派人来责问更使他们担心不已，害怕会受到铁木真的报复。桑昆、札木合、阿勒坛等人各怀鬼胎，互相猜忌，他们以为铁木真正与其他人联合，对付自己！桑昆等人的内心受到了极大的震撼，开始动摇起来。不久，克烈部的一部分撤合亦惕人逃到了铁木真处，归顺了他。札木合、阿勒坛等人趁机逃到乃蛮塔阳汗处去了。这样，铁木真成功地化解了危机，瓦解了敌人，为反攻作了精心的、全面的准备。铁木真的力量恢复之快、反攻步伐之坚决，是王汗和札木合所没有料到的。

在分化瓦解敌人的同时，铁木真成功地团结了自己的部下，使他们更加忠心地追随自己。蒙古族中至今还流传着"班朱尼河之盟"的故事，人们把这件事当作兄弟一心的典范。当铁木真被王汉的军队击溃的时候，他撤退到克鲁伦河下游的班朱尼河，手下只剩了2000多人，大部分部众在战争中被冲散，只有19名将领紧紧跟随着他。因为所有的辎重都被抛弃，队伍长途跋涉，士兵们都饥渴难忍。这时一匹野马忽然奔来，铁木真张弓搭箭，野马应声而倒。铁木真率领将士们饮马血、吃马肉。他拉着这19个将领，跪在班朱尼河边，对天发誓道："我铁木真有朝一日大功告成，一定与诸位同甘共苦，倘若违背此盟，就让我变成这河中的水！"

铁木真用他的誓言深深地打动了手下的将士，在场者无不感激流泣，甘心为他所用。后来，这19名将士都成了蒙古国的开国功臣，无一背叛。从这一点上来看，铁木真收买人心的做法实在高人一筹。他不用虚情假意，利用自己的赤胆真诚，只是短短几句话，就能使手下人以死相报，这更加显示了他的高明之处，也是他人格魅力的光辉写照。危机渡过以后，铁木真苦心经营，离散的部众渐渐归来，无论人多人少，铁木真都给妥善安置，分配给他们牛羊。一些临近的部落听说他如此仁慈，也纷纷去投奔他，队伍日渐壮大，铁木真的势力终于恢复了。

铁木真不满足于做一个部落的首领，他要做全草原的大汗。当时机一旦成熟，就行动。上次的失利是被动，准备不足，这一次，铁木真决定要击敌人。他继续向王汗贡纳财物，并派自己的弟弟合撒儿假装投降，准备里应外合，给王汗致命打击。

正月，王汗在与金兵的交战中大败，他损失了一半的兵力，铁木真决定利用这个机会，趁王汗心神未定、势力未复之机给以重创。王汗失败后，实力却仍然存在，逃到漠北之后，他立刻招募散失的部众，积蓄恢复力量。合撒儿的诈降令王汗非常高兴，因为他带来了几千人马，正好可以为王汗壮大力量。这时落魄的王汗全力对付金人，他虽然对铁木真没有丧失了警惕性，却无暇顾及，只能全力面对金人。他当然对合撒儿存有疑心，但也抱有幻想，为了拉拢合撒儿，王汗亲自与合撒儿歃血结盟，以示不渝。合撒儿不断打探王汗的消息，源源不断地送给铁木真，他们里应外合，铁木真的大军不知不觉地进到了克烈部的腹地。

王汗对所发生的一切悄然无知，他只顾招兵买马，重整战鼓，哪里想到一个新的敌人正在悄悄地逼近。当铁木真的军队准备发动进攻的时候，王汗还在自己的宫帐中宴饮合撒儿，庆祝自己增添了新的力量，他喝得醉醺醺的回营休息，直到铁木真冲锋的号角将他从睡梦中惊醒。克烈部毕竟实力犹存，他们的力量仍然强于铁木真，这一场激烈的战斗持续了三天三夜才结束。依靠出其不意的突然袭击，铁木真冲垮了王汗的队伍，打乱了敌人的部署，铁木真部下的骁勇善战也加速了王汗的灭亡。这场根本不可能的胜利就凭着成吉思汗的勇猛和胆识发生了，最强大的草原霸王王汗被彻底消灭。

混战中，王汗企图重新整发队伍，与铁木真决战。眼看营帐里四处惨声一片、火光冲天，在大势已去的情况下，王汗只能与桑昆夺路逃走。人到穷途末路方才反思自己的过错，王汗对与铁木真决裂后悔不已，正是与他的决裂才造成了如今的结果。而这一切都是由于桑昆而引起的，此刻他对桑昆怨恨之极，最后终于与他分道扬镳。王汗在逃到乃蛮部时被那里的守将杀掉，而桑昆只身一人逃到西夏，后来逃到西域地区，因为抢掠而被当地人攻杀，桑昆的妻子和儿子被送到了铁木真处。

强大的克烈部已经成为昨日黄花，克烈人成了铁木真的部属，王汗的领土也归铁木真所有，蒙古草原的绝大部分地区都成了铁木真的财产。成吉思汗的这次大捷使我们联想到公元1196年铁木真和王汗趁塔塔儿部被金朝打败之机发兵攻打塔塔儿部之事，在那次战役中，铁木真和王汗"乘人之危"，取得了大胜；这一次，是铁木真把握战机，"乘人之危"消灭王汗的，这是一种超人的战略。

铁木真的速战速决在草原上产生了巨大的冲击，强大的克烈部在三天内被消灭殆尽，其他部落无不心惊胆战。与克烈部力量相当的乃蛮部反应最大，乃蛮部首领太阳汗兔死狐悲，他知道自己就是铁木真的下一个目标，危险不再遥远，与其被动受打，不如先发制人，太阳汗决定联合汪古部共同出兵，两面夹击，一举击败铁木真！他对众人说："我要亲自带兵杀入蒙古人的地盘，不仅要把那漂亮的蒙古女人抓来，而且要把野蛮的蒙古男人的弓箭统统缴获过来！"

太阳汗当即派密使卓忽难前往汪古部，动员该部联合出兵攻打铁木真。当太阳汗的联络特使到达的时候，汪古部首领阿剌兀思剔吉忽里玩起了手段，他知道铁木真能够征服塔塔儿部和克烈部，兵多将广，最终必定完成霸业。即使乃蛮部与汪古部合力攻击，也未必能打败铁木真，弄不好引火烧身，玩火自焚。他决定倒向铁木真一边，表面上接受了联盟的要求，实际上却拒绝了太阳汗，还向铁木真泄露了太阳汗的出兵计划，想以此来讨得铁木真的欢心，将来能够苟延残喘。为了收买人心，稳住汪古部，铁木真送给阿剌兀思剔吉忽里大量财物，使汪古部成为了自己坚强的同盟。

此时正值1204年春天，成吉思汗与诸将正在进行大规模的春季狩猎。铁木真得到阿剌兀思剔吉忽里汗的警报后，停止狩猎活动，与诸将商量如何对付太阳汗可能发动的进攻。大多数将领认为现在正是春季，所有战马饿得皮包骨头，如果马上发动进攻，恐不利，最好在秋高马肥时再发动对乃蛮人的战争。铁木真的两个弟弟别勒古台和帖木格认为应该趁草少马瘦时发动进攻，不能向乃蛮人示弱。铁木真采取了这一建议，认为抓住战机，出其不意，才有可能取得胜利。

公元1204年，铁木真举行了庄严的出征祭旗仪式：一面战旗插在高高的旗杆上，迎风飘扬。击鼓吹号，铁木真双手捧金剑，对着大帜跪拜。全体将士凝视着旗上的九角狼牙和白色的牦牛尾，充满必胜的信心。乃蛮部纠集了铁木真的仇敌，浩浩荡荡向东方开进。从双方力量上来看，铁木真处于劣势。太阳汗心高气傲，以为胜券在握。双方在萨里川附近相遇，一场战略大决战即将开始。

在决定出战之后，铁木真进行了大量的军事部署，他首先把全军集

第二章 借势而起，善抓先机

结在客勒帖该合答山进行改编和整顿，铁木真没有按传统作法把战俘他们分给手下各贵族，而是对军队加以革新，建立千户制和护卫军。军队和部民统一编制，按照每十户、百户为一组的标准，建立起军民合一的编户制度，各级十户长、百户长、千户长由相应的贵族或者建立军功者担任。编户平时放牧生产，战争时候就是一个军事单位，出征作战。铁木真还选拔贵族子弟和身强体壮者组成护卫军，作为自己的贴身亲军，由铁木真亲自统率，这些贴身护卫被称为怯薛，是蒙古军队的精华，平时负责铁木真的警卫工作，征战时期则负责攻坚披锐，所向无敌，战无不胜。这样蒙古建立了统一的军事组织，有了一套统一管理、统一行动的机制，力量大大增强。

　　铁木真还向西部边界增派侦察小分队，加强警戒，同时加强情报工作，防止太阳汗突然发动进攻。当铁木真的部队与太阳汗的军队逐渐靠近，两军对垒时，铁木真的部将建议实施疑兵之计，迷惑太阳汗，然后乘乱进攻厮杀。铁木真与其他将领认为这主意正是破敌的妙计。对蒙古军队来说，现在不宜马上与敌交战，而应想办法避免与敌交战，最好的办法是用疑兵之计，阻敌提早发动进攻，眼下最要紧的是抓紧战前短暂的时间，休整人马，恢复体力。

　　铁木真一面向敌人示弱，一面又制造兵多将广的假象，让敌人摸不清头脑。自己人少，为了壮大声势，铁木真命令手下四处出击，组织了几百人的小队伍四处放火，在黑夜中令每个人到处点火。一时间四处战火通红，太阳汗的哨兵一看敌人突然间大量增多，连忙报告，说蒙古人数众多，整个萨里川都布满了。太阳汗听后如同头上泼了一盆冷水。心里开始忐忑不安。

铁木真与诸将约定，这次进攻乃蛮军队，要求全军分进合击，机动灵活，从四面包围；先头突击部队轮番冲击敌阵，成功突破后，长驱直入，直取敌人中军，里应外合，进行剿杀。铁木真这次运用的新战术确实势不可挡。太阳汉汗马上就领略到了这种战术的厉害。蒙古人因为组织得力，很快就冲乱了乃蛮。

札木合就像上次给王罕、桑昆帮倒忙一样，给太阳汗有机可乘，进攻队形浩浩荡荡地冲杀过来时，他在本来就软弱动摇的太阳汗的面前，逞敌人的威风，灭自己的志气。这更令太阳汗六神无主。札木合没有加入战斗，而是领着人先走了。乃蛮军队大败。最后太阳汗伤重而死，乃蛮人和其他一些部族大部投降。只有太阳汗之子事先带领少数人逃过了这一劫，至此，三足鼎立的局面正式结束了，铁木真已经成了草原的实际统治者，没有部落可以同他抗衡。还有一些剩余的部落没有归附，但是这些已经无关大局了，他已经成为草原的霸主了！

第三章
组织严密，用兵如神

在刚刚从草原崛起时，铁木真的部队面对的敌手主要是同为游牧民族、同样具备高超个人战斗力的部落，及至后来统一蒙古各部后，又面临着众多常备军队。如果没有严密的组织和铁的纪律，铁木真的军队恐怕早就消失在历史长河中了。

集中优势，迅速出击

公元1219年，已经攻占了中亚部分地域的铁木真，所面对的主要是花剌子模。这个国家刚刚在公元1212年杀掉了西辽后主，军力齐整、士气高昂，而且军民基本上是由具有共同信仰的突厥人和阿拉伯移民组成。而此前黄金家族在对金朝进行的城市攻坚战中，因为极其不适应设防坚固、武器先进的华北地区作战而损失惨重，士气也比较低落。

然而，花剌子模的"蓄意挑衅"，使原本希望暂时与之交好、以避免"两线作战"的铁木真骑虎难下，只能决死一战了。

当时的铁木真，尽管已经统一了蒙古高原上的各个部族，但是全部军民加起来，数量超不过100万人，其中军队仅有15万人。蒙古军中固然有许多能征善战之辈，但也有很多年老体弱者，而花剌子模国，正规军队就有超过了40万，且因劫掠了西辽80余年辛辛苦苦积累起来的大量财富，可以说兵强马壮、斗志昂扬。但是花剌子模最大的失误就是把自己的几十万大军，并非沿阿姆河一线分散展开，而是分散据守全国的城市，分兵把关，城市各自为战，分布在800公里长的近500个城堡中，兵力分散、互不协同，恰恰让睿智的铁木真钻了空子。

不仅如此，花剌子模军队内部成分也比较复杂，有当地主要居民组成的突厥部队，有从北方草原南迁的具有突厥血统的钦察部、康里部士兵，还有以前的阿拉伯统治者遗民组成的雇佣军；军事指挥官也各怀心思，只有少数人对花剌子模忠心耿耿，多数将领满足于固守自己势力范围的城市，对算端的号令阳奉阴违；而那些原西辽王朝降将中的畏兀儿佛教徒们，则因为他们很多同族人早早加入了黄金家族大军，而对蒙古人抱有一些期待。花剌子模更是在建立了强大的国家后沾沾自喜，对蒙古军的来势汹汹缺乏准备。

花剌子模的兵力不仅分散，而且缺乏大兵团作战的素养，他们虽然兵员充足，但竟然没有准备精锐的战略预备队，他们的部队主要集中部署在城市，只考虑用坚固的城郭来阻挡蒙古铁骑，却没有做好进行城市以外野战的训练和准备；他们相比蒙古军队，占尽了天时地利人和，却没有考虑到强敌后勤补给不足的软肋，根本没有实施坚壁清野的有效之策。

公元1219年夏，已经陈兵于额尔齐斯河上游的铁木真，在与他的参谋人员认真分析了敌我情势后，确立了集中优势兵力，在局部形成绝对强势、对花剌子模进行歼灭战的战术。20万以蒙古骑兵为主，包括畏兀儿、合剌鲁在内的西征军，除了部分用作干扰对方驰援以外，多数集中起来逐个歼灭花剌子模的城市守军，先后由术赤、察合台、窝阔台等率领局部占优的兵力，分别攻占了锡尔河流域以及阿姆河以北地区，在花刺子模故都玉龙杰赤会师后，一直把花刺子模国王追杀到里海中间的一个小岛上。

这是黄金家族在对世界征服史上首次成建制地征服一个组织体系良好的国家，因为在此之前，他们征服的更多的还是突厥或者蒙古部落、或者与他人共同灭掉弱小王朝（如西辽）而已。对花刺子模的征服，使黄金家族得到了肥沃、富裕的中亚提供的源源不断的物质供应和粮食保障，使黄金家族获得了征服组织体系良好的定居居民和国家的宝贵经验，特别是军事战争经验，对其日后消灭更为强盛、富庶的金朝、西夏和南宋打下了良好基础。

扬长避短，发挥优势

在第二次世界大战中，德国的装甲战术让当时军力也十分强大的欧洲列国吃尽了苦头。其实，追根溯源，可以说德军完全是效仿了当年蒙古军队的战法。

公元13世纪的蒙古人论文明程度，远远不及当时他们准备征服的地域，论军队的现代化训练，也与别国军队处于伯仲之间，论冷兵器时代的军事的主要依托——人力资源，也是少得可怜，然而他们却战胜了无数的对手。

这是因为，作为游牧民族的蒙古人，将自己游牧民族的特点巧妙地运用于自己的军事征服活动中，并发挥得淋漓尽致。他们很清楚，自己擅长的是平原和草原作战，因为平坦的地势非常有利于战斗序列的展开，非常适合个人身体条件出众的蒙古骑兵们横刀立马。于是，他们在进行平原上的城市攻坚战时，一般不会仰头攻击、把自己不擅攻坚的一面暴露出来，而是采用诱敌至城郭以外进行聚歼的办法。大规模的骑兵风卷残云般迅速在城外消灭了敌方的有生力量，然后由配合骑兵跟进着拾残局或者打扫战场。

黄金家族以区区不足百万人口，连续不断地攻击并消灭40余个国家和地域，除了源源不断的战马保障外，其人力资源的供给是最大问题。因此，如何最大限度发挥自己的军力之长、最大限度地减少自己人员的伤亡，就是那个时代蒙古人征服进程中的最大问题，也是他们研习和采用精彩战术的一个动因。

公元1220年三月，铁木真亲率主力从花剌子模布哈拉向该国首都撒马尔罕进攻，这一次他们遇到的情况非常严重。撒马尔罕当时有居民50万人，且经过阿拔斯阿拉伯王朝和塞尔柱人以及后来的花剌子模突厥人的几百年经营，早已是中亚的政治、经济、文化、交通和战略防御中心。花剌子模汗摩诃末专门委托其舅舅汉驻守，时有6万突厥精兵、5万阿拉伯士兵和20余头战象，而铁木真的军队虽有10余万，但经多次战斗后，也已人疲马乏了。

按照一般攻防军力，铁木真须有至少20万以上的精壮士兵才有可能攻陷该地。蒙古军不仅人手不够，而且面对的是意志比较坚定的对手。铁木真经过几天认真观察，发现撒马尔罕三面环山，城西为一片开阔的平原，于是他决定扬长避短，将敌军诱至平原进行决战。

果然敌守将中计，带兵杀出城外，结果被设伏于此的蒙古人打得大败，损失精锐兵士6000余人，只好闭门不出。这时候，铁木真又派人诱降。诱降成功后，他深知城中士兵并非都同意纳降，于是趁着敌方降与未降之间，迅速命令削平了不利于自己骑兵作战的宽大城墙，填平了深深的壕沟，使得蒙古骑兵得以进出自由。还是有1000多名花剌子模的坚定抵抗者，在退至内城后继续顽强抵抗，但此时，没有了城墙和壕沟护卫的城市，对骑兵来说仅仅是一个适合驰骋的战场而已。

对花剌子模旧都玉龙杰赤的攻击也是这种"网开一面"、背后掩杀的战术杰作。公元1221年二月中旬，铁木真次子察合台、三子窝阔台率军进抵该城。他们先派出一支骑兵侦察部队，在城门处摇旗呐喊，百般挑衅，耐不住性子的花剌子模将士纷纷冲出城来，欲全歼这股蒙古军。结果，他们被引诱到非常利于骑兵展开的地区，做了蒙古伏兵的刀下鬼，蒙古人趁势歼灭这支敌方很有战斗力的队伍，为后来攻下该城奠定了基础。当然，花剌子模的抵抗也很坚决，这场攻守战打了7个月以后，蒙古人才占领了该地区。

撒马尔罕和玉龙杰赤两座都市的陷落，不仅标志着花剌子模这个中亚强国的覆灭，也是黄金家族扬长避短战术的一个精彩范例。

多年生活在茫茫草原的蒙古铁骑，在和狼群斗争以及各种自然界的猛禽相处中，充分训练出了自己的各种战术。有人描述道，蒙古人就像一只老狼，总是机警地窥视着远方猎物的行踪，它时而匍匐跟进，时而上前冲杀，时而又相机而动，时而又装作落荒而逃、实则把敌手引诱到自己合适的猎杀场地，这时的蒙古军又仿佛变成了草原上凶猛的黑鹰，会毫不犹豫地把猎物撕成碎片。

蒙古人和生活在草原上的其他游牧民族一样，对狼都有深刻的理解和认识。甚至可以说，他们把狼作为自己生活的图腾。他们从狼的计谋中学会了很多克敌制胜的法宝。狼决不仅仅是一般人们印象中的残忍而已，它们具有比较高的智商，它们会审时度势，把握最有利于自己的时机和战机，它们会在自己力量不足以立刻获取猎物时，会很耐心地做战术退却，而使对手丧失警惕和贸然出击，然后就是充满喜悦地围歼敌人和享受胜利果实了。

在进攻金朝和南宋的各种战斗中，他们很好地利用了这一战术。蒙古军经常在与敌手短兵相接、发现自己很难迅速取胜时，往往做出一副溃败的样子，四散逃去。而女真和汉人士兵，却把这种景象归结为蒙古人彻底的溃逃，于是争相邀功的将领们纷纷出击，不仅队形散乱了，而且完全没有了建制。这时，他们已经不由自主地进入了蒙古人早已设好的埋伏圈，等待他们的命运就像一群被诱至狼群中的小鹿一样，只有被准确地射杀了。

黄金家族的第二次西征由铁木真之孙、长子术赤之子拔都领军。拔都是铁木真之后最具战术素养的军事家。公元1241年，受忽里勒台大会委托，拔都率军一路攻杀到了当时欧洲军力最强的匈牙利。

四月初，拔都与铁木真时代的老将速不台各领军马会师于多瑙河支流，当时他们面对的匈牙利军有正规军6万余人，还有教士、贵族们组织的武装约8万余人，在总量上已近蒙古军两倍之多，而且已经以逸待劳多时了。

看到这种状况，拔都果断下令军队后撤，在井然有序退后的同时，布置了精心的防守。他们撤到了河东8公里处，此地三面环水，易守难攻。反观匈军，对这种以退为进的战术不以为然，依然按照欧洲传统战法，将大军整齐推进，布置于一片开阔的平原之上。

这正中拔都的下怀。他在比较安全的地形中休养数日，仔细观察了匈军的部署，在相持数日后，果断于夜间突袭匈军，并一路追杀数十公里，一举斩杀4万余人，河水都成了"血河"。很快，拔都就血洗了当时欧洲著名的城市佩斯市（即今天匈牙利首都布达佩斯的一部）。

重视侦察，眼光深远

蒙古铁骑的侦察工作是其克敌制胜的一大法宝。

每次战役之前，他们都要派出精干的"侦察小分队"作为先行官。侦察部队一般由200余人组成，和正规军队不同的是：第一，他们全部是纯正的蒙古士兵，而且出身于黄金家族比较信任和了解的部落或者贵族家庭；第二，除了毡子、战马和武器等必备的物品外，不携带任何辎重，也没有任何后勤部队作保障；第三，他们没有正规军队的抢劫、焚烧民宅以及打猎任务，只有摸清敌情一项职责。

他们都是以一当十的精壮士兵，在遇到规模较大的敌军队伍时，他们的原则是能隐蔽就隐蔽，能逃脱就逃脱，绝不恋战；在遇到他们可以对付的敌军小股部队时，他们的原则就是不留活口、尽可能一个不剩地杀光对手。

有时候，这些侦察兵不抢劫、不焚烧民宅的表象，会让很多见到过他们的老百姓很放心。但他们不知道的是，待这些似乎"军纪严明"的士兵离开后带着蒙古大军再回来时，惨烈的烧杀抢掠才正式开始了。

在进攻西夏、金朝、南宋、大理、花剌子模等政权和坚固的城防时，他们则往往利用事先准备好的当地居民，提前潜入城池之中，把城市的守备、部署、备战等情形摸个清楚，这样在正式发动进攻时就能够从城防的薄弱环节下手了。

黄金家族的四个骨干：铁木真长子术赤、次子察合台、三子窝阔台、四子拖雷，无不是攻城拔寨的好手。他们从小就跟随父亲参加了西征东侵的战斗，而且面对的对手主要是建立在一个个城市之上的定居政权，因而，他们以对城市攻坚战具有丰富经验和精彩战术而著称。

他们在进攻规模较小的城市时，往往先把它围个水泄不通，在心理上让城内的居民产生震撼，接着就是他们的拿手好戏：疲劳战术。蒙古兵会有组织地分为若干梯队，交替进攻、轮流休息，这样既保证自己不过分疲劳，又能使城市守军始终处于不得休息和恐惧状态。如雨般的弓箭和炮声，即使不让守军的心理崩溃，也会使得对方军士的耳膜震坏。

在进攻规模较大的城市时，蒙古人又会换一种疲劳战术的套路。先全面包围，昼夜不停地攻击，当看到效果不佳后，就反复把沾满了油的弓箭射入城内，或者把死尸炼出的脂肪点着了投射进城内，让城内军民惊慌失措，从而择机攻将进去。如果还不能得逞，蒙古人就会在保证对城池四面围攻的同时，选择一个比较开阔的城门放松攻击，待守军求战心切而出来的时候，用早已设伏的蒙古弓箭手杀死他们，从而不断歼灭对手的有生力量。

实在不成，蒙古人还常常采用"水攻"。如公元1220年在攻打花剌子模的玉龙杰赤时，连续6个月久攻不下，主将术赤就命人将乌浒河水引而灌城，才最终攻破这座城市。

这种事前侦察的手段，其实正是中国兵法中"知己知彼，百战不殆"的具体体现，城市攻坚中的疲劳战术，则是现代战争中"心理威慑"和"噪声污染"的应用。

蒙古军队将此战术主要应用在征服中亚和欧洲的战争中。他们经常在骑兵部队作第一次冲锋时，把大批投降士兵（我们不妨称其为"蒙协军"驱作先锋，待这些人基本损失殆尽、而敌方也已经人困马乏之际，突然派出蒙古本部军队，以收到奇兵之效。

有时，蒙古军还有一些灵活的变通。比如当"蒙协军"虽然消耗了对手一些实力、但敌人依然元气未伤时，蒙古军就会放那些对手们出去，然后追将上去，从背后进行掩杀。

从公元1219年到公元1225年间，铁木真和他的黄金家族用了6年的时间就彻底征服了中亚强国花剌子模，应该说比征服南宋（从公元1234年至公元1279年，用时45年）、西夏（从公元1205年至公元1227年，用时22年）、金（从公元1211年至公元1234年，用时23年）所用的时间都短得多。客观地讲，在对汉地的征服中，有多种比较复杂的情况，比如遇到黄金家族突然的西征，比如黄金家族内部汗位的明争暗斗，比如汉地城池的坚固等等，但比较重要的原因还是因为蒙古人在汉地遇到的对手，无论金、西夏和南宋它们之间有如何的矛盾与冲突，其百姓宁死不屈，反抗侵略和野蛮屠杀的精神更为可贵和重要。

但花剌子模就不是这样，这里是蒙古人取得大量"蒙协军"的天然场地，相对缺乏统一文化的当地军民给了蒙古人以可乘之机。

花剌子模故地，包括今天的阿富汗、乌兹别克、土库曼、吉尔吉斯、塔吉克、伊朗的大部，以及伊拉克、巴基斯坦和哈萨克一部。这里从远古时候就是一个不同种族和民族的走廊，有匈奴人、突厥人以及突厥人的一支塞尔柱人，粟特人、西亚的阿拉伯人等等，随着历史的变迁，语言文化也非常复杂，有波斯语族，有阿尔泰（突厥）语族，有印地语族等等，宗教则有拜火教、佛教、基督教的一些流派等等，所以花剌子模尽管消灭文明先进但军力软弱的西辽似乎易如反掌，但一遇到蒙古人就显得力不从心了——百姓的分裂、军队的不相配合等等，还有些权贵则是被蒙古军将领轻易地事先用金银财宝收买等等，不一而足。

于是，在花剌子模战争中，出现了黄金家族征服史上比较少见的一幕。每攻下一座城池，除了被屠杀和被掳去蒙古本部的人以外，剩下的人，无论自己愿意与否，统统作了蒙古军的"蒙协军"，而且这些人即使侥幸生还，在日后黄金家族征服汉地的战争中依然作为"蒙协军"出现。

蒙古统治阶级对这些被俘的人们，采取非常严厉的手段。要么充当炮灰，进攻他们自己同胞的城市；如果不好好作战，就予以处死。一旦这些人的表现得到了蒙古人的肯定，就又会被忽悠一把，诸如什么荣华富贵云云，其实，黄金家族"蒙协军"的最终下场基本上都是死路一条。

黄金家族拥有迄今为止、世界上最有效率的战争机器，它建立在极强的机动灵活性、优势的武器装备、几乎万无一失的战士体系和蒙古人军事战略天才四大基础之上。

和所有欧亚大陆游牧民族一样，蒙古也是全民皆兵的民族，铁木真时期的15万族人，一般情况每帐出兵一人，而且规定：凡蒙古人家中男性，从15岁到70岁都必须每日训练，随时准备出征打仗。这样，黄金家族"寓兵于民"，轻轻松松就可以迅速集结起骑兵10万人以上。

蒙古人先天的个人战争素养相当优秀。他们生来就是好战士，服从命令，目标坚定，严守纪律，特别是具有高超的骑术和射箭技术。他们讲究"人歇马不歇"，在西征中，每个士兵都配备5匹左右的战马，一匹马累死了，立刻换上一匹，士兵则在马上睡觉和行军，直至战斗结束。

士兵的射箭极其精准，他们能在很远的射程准确地射中目标，而对手的有效射程往往只有他们的一半多一点。在对南宋的战争中，因为兵员损失巨大，连五六十岁的老人和弱冠少年都可以招之即来、来之即战。

蒙古人的智慧充分展现在了他们的战争艺术上。本来他们面对的征服对象，军力远远在其之上，但是蒙古人恰恰抓住了定居民族的弱点。我们知道，花剌子模、西夏、金、南宋等国，大量的部队屯集于不同城市，功能局限于"遥相呼应"和自保一方平安，缺乏大兵团野战素养和训练，一旦战事开始，很容易被蒙古军采用围点打援、声东击西的战法各个击破。

黄金家族熟知"擒贼先擒王"的兵法。他们在对各个国家或民族征服时，往往不拘泥于众多城市的攻守，而是首先进攻其首都或战略要地，在毁灭对方的政治中心和军事指挥中心后，再横扫其余。比如六打西夏，每次都是长驱直入，直接杀到其都城兴庆府（今银川）；进攻金朝，则是以直接攻下中都北京和末都开封为目标；打击花剌子模，也是迅速进占布哈拉、撒马尔罕、玉龙杰赤等重要城市或要塞，以便使对手指挥失灵、丧失斗志，从而加快征服进度。

他们深知自己兵员不足的缺陷，因而在征服战争的初期，很注意对被占地区工程师和技术工匠的利用。他们通过疯狂的屠杀来摧毁人们的抵抗意志，从而这些技术人员在完全绝望后为了求生，只能以百倍的精心为蒙古人生产武器。在黄金家族的三次西征部队的身后，总跟随着人数超过军队本身数倍的、由不同民族群众组成的军工队伍。

蒙古人在重型军事装备上也是虚心的学习者和实践者。他们从突厥人那里学到了发弩机和投石机，从汉地学会了攻城云梯，把汉地的火药结合阿拉伯人的技术生产了"回回炮"等火器，这些装备弥补了蒙古骑兵不擅城市攻坚战的缺憾，使他们在攻城时如虎添翼。

真正的英雄具有长远的战略，而不是只拥有短浅的眼光。韬光养晦，寻求剩己之力，谋发展，才是英雄之道。金国是蒙古人的世仇，是成吉思汗的眼中钉、肉中刺，但是在他陷入困境、刚刚发迹的时候，成吉思汗却利用了这个敌人，化敌为友，借助金国强大的影响力，挟天子以令诸侯，壮大了自己的实力。依靠金国的帮助，成吉思汗消灭了仇敌塔塔儿部，从此摆脱了困境，开始了成长之路。

成吉思汗身处13世纪的世界舞台，与亚历山大大帝一样，他以自己的军事天才建立了横跨亚欧大陆的庞大蒙古帝国，无疑具有恒久的价值和神奇的魅力。孙子曰："军事之难者，以迂为直，以患为利。"又曰："凡战者，以正合，以奇胜。故盖出奇者，无穷如天地，不竭如江河。"在战争中，"迂"与"直"包含着作战中的辨证法，互相转化。战术运用，从路线和途径上说，好比建隧道桥梁和高速公路一样，有迂有直而视不同情况作不同选择；从作战谋略和战术运用上说，作战中的以退为进、声东击西、避实就虚再由迂变直，犹如拳击争霸赛中要出重拳时，必须也必然要先虚晃几招一般，也亦如棋局中需通盘谋划乃灵活运用。

出其不意，兵贵神速

决定战争胜败的主要因素，在于行动的快捷。19世纪欧洲有句名言："速度和突然性，可以代替数量。"意指战场上的迅速和突然的攻击，可以改变兵力多寡对比。美国军事学家认为成吉思汗骑兵战术可以归纳为四个字："速度"与"诡计"，蒙古著名学者则归结出以下特点：快速、突然、凶猛、灵活、多变。两位学者的深刻见解，揭示了成吉思汗兵法的精髓。

蒙古军队在13世纪是一支"快速反应部队"。这是一支精悍的骑兵队伍，速度是其生命力所在。这只队伍的速度到底有多快呢？曾经有人这样描述："这支该死的骑兵行动之快，要不是亲眼所见，任何人都不会相信。当我们的军队才刚刚开始行动的时候，他们可以在转眼间从我们的前面转到左翼、转到右翼、转到后面，或者在转瞬间呼啸而去"。蒙古军往往是清一色的轻骑兵，在冷兵器时代，骑兵具有突击力强、灵活多变的特点，尤其适应远程快速奔袭作战，它比步兵或其他兵种优越的地方，并不是冲刺力的大小，而是其灵活的战术和作战速度。如蒙古军在对金国的作战中，拖雷所指挥的4万人的西路军，有3万人是轻骑兵，就作战速度和灵活性而言，金军根本无法与其对抗。

蒙古军队特有的作战特点，也是其行动"快"的重要原因之一。成吉思汗在攻打金国的时候，每当遇到敌方固守坚固的城堡而避不出战时，通常只留下少数部队以待后续的攻坚工兵，主力骑兵部队则不受敌人影响，仍然继续高速向前推进。成吉思汗派大将木华黎率一支人马进攻金国牢固设防的东京辽阳，木华黎知道这座城市坚不可破，率军把城包围之后，佯装攻打了几天不能取胜，打着打着就撤退了。蒙古军队撤退速度很慢，金兵探听到蒙古军队已经远去后，放松了防御。木华黎命令军队一人二马，用了一昼夜时间，率领军队奔袭到辽阳城下，金军措手不及，没想到蒙古军队竟然能在朝夕之间就能杀回，被打得大败。依据现代的交通条件，一昼夜行驶500里不算什么大不了的事情，但在古代这是不可思议的。蒙古军队在出征的时候，一般每人配备2~3匹作战马匹，还要留下一匹作为备用，就是为了适应这种快速作战的要求。快速运动有助于蒙军摆脱被动，掌握战争主动权。如果没有这一点，成吉思汗的许多战略战术都是无法使用，世界帝国的梦想，也难以在短时间内实现了。

成吉思汗用兵不但有速度，更有计谋。《孙子兵法》有云："兵者，诡道也。"诡计"是一种战术。成吉思汗并未读过兵法之书，却懂得用兵的精髓：使用"诡计"。成吉思汗的"诡计"是蒙古人的本能、猎人的遗传。都说"再狡猾的狐狸也逃不过猎人的眼睛"，即是说猎人比狐狸还狡猾，蒙古人本来就是森林狩猎民族，天生的猎人，当然"诡计多端"了。

公元1220年，成吉思汗西征，为破坏了花刺子模的军事防线，蒙古大军穿过了被认为是不可逾越的大沙漠，以此惊人一举，快速切断了敌人统帅摩诃末同西南各地区军队的联系。"这也许还是有史以来最好的一个战略上出其不意的实例，是战争史上最了不起的战略行动之一。"第二年，成吉思汗派哲别与速不台远征俄罗斯草原，虽然蒙古军队仅有1万余人，却在短短的1年时间里消灭了地任何敢于反抗者。史学家评论说："这是因为他们行动迅速，出其不意，这一行动迄今仍是历史上最了不起的骑兵袭击。"蒙古人的战略是施展诡计、出其不意，他们快速的移动，出没不定，使敌人大惑不解，将蒙古军队置于敌人没有料到的决胜位置。成吉思汗同其主要干将速不台、术赤等一起，培养了蒙古人从未有过的效率和纪律性，使草原战争的快速和诡计达到了登峰造极的程度，取得了对任何民族或帝国来说都是空前绝后的胜利。

发动了对南宋的侵略战争后，南宋惊恐于蒙古军队的快速机动，惊呼其"来如天坠，去如电逝"，不可抵御。快速机动，使蒙古军队在战争中在诸多方面处于有利地位。

通过快速机动，可以摆脱被动局面，保存自我有生力量，以图东山再起。在成吉思汗的征战过程中，他常常能几千、几万甚至几十万的大规模歼灭敌军，但是蒙军大量被歼灭的事件从来没有发生在他身上过。考察蒙古的国家实力，整个蒙古族只有几百万人口，可以应征服役的军队充其量不过二十余万人，但成吉思汗却要依靠这区区几十万人进行征服世界的战争，他必须保存有限的力量，防止军队出现大规模的减员损失。蒙古军队是如何保存军力，避免被歼灭的呢？一个重要的原因就是，当被敌人逼到被动地位时，当打了败仗时，蒙古军队能够通过快速机动摆脱敌人，摆脱被动，取得主动权。蒙古军队打了败仗"逬走"，并不是无组织的溃逃，而是按照原定的战略，在保存军队不被敌人歼灭的情况下，有步骤的撤退。"逬走"是在打了败仗的情况下，迅速地摆脱敌人，保存自己的战术手段。这样，蒙古军队虽然也会遭遇失败，但每次都不会遭受重大损失。留得青山在，不怕没柴烧，几十万人的部队，成为一支长久的力量。

通过快速机动，能在战斗快速转移，迷惑对手，出奇制胜。上文所说木华黎袭取东京辽阳，就是出奇制胜的一例。遵照成吉思汗的遗诏，窝阔台在灭金战争中取道于宋，直捣大梁。公元1231年冬天，蒙古军队分兵两路从山西河中府和山东济南发起进攻，同时由拖雷率领蒙古军队主力实施远距离快速机动，由凤翔渡渭水，过宝鸡，连克大散关、凤县、安康等，接着渡过汉水，深入敌后，仅用两个月的时间，蒙古军队就出其不意地出击到金军主力后方。金军做梦都没想到蒙古军会如从天降，军心大乱，在三峰山战役中被歼灭了主力，损失十几万人，彻底丧失了对蒙古的抵抗力量。

公元1213年成吉思汗率军进攻居庸关。金国军队寺居庸关位置险要，易守难攻，铸造了大铁门将关口死死锁住，在距离居庸关百余里的路上放上铁蒺藜。蒙古军队难以展开行动，一时愁眉不展。成吉思汗派人暗中调查，发现了通往关口的小路，于是他下令以当地居民作向导，天黑进入山谷，急行一夜于黎明时分到达居庸关南口，这时候金兵还在睡觉。等到他们仓皇起来的时候，已经难以支撑，居庸关被攻破，金国丧失了一个至关重要的战略要地。

成吉思汗还依靠军队的快速机动作战能力，创立了一系列的战略战术。在某种意义上说，没有快速机动，就不会有成吉思汗的所向披靡、克敌制胜。没有快速机动，就不会有成吉思汗的迂回战术、诱敌战术；"败则四散迸走，追之不及"的猛追战术和脱敌战术；没有快速机动，就不会有成吉思汗的闪击战、无后方作战等战略；没有快速机动，就不会有成吉思汗的奇袭战术、奔袭战术、急袭战术和闪击战术；"出其不意，攻其无备"、"迂回包抄，攻敌后部"，无不是成吉思汗战略战术的精华所在！成吉思汗是一个大战略家，他的"诡计"本身就是他的军事灵魂。

对他和蒙古人来说，"诡计"与"速度"是不可分的，正是这两方面的相互结合，互相促进，才缔造了他的千秋伟业。"诡计"不是小人之道，而是英雄的法宝，莫忘了，兵圣云：兵者，诡道也。

第四章
恩威并施，树威立信

> 坚持原则是成吉思汗一个最重大的特点，他始终坚持诚信至上。他为人诚信忠厚，有功必赏，有罪必罚，对内对外都讲求信用，也因此树立了自己的政治威信。

体恤下属，赢得跟随

有许多证据表明，成吉思汗对一些部族特别是那些地位较低生活较苦的部族是十分体恤的，甚至当那些部族暂时还不想投靠他时，他仍然给他们以承诺。从后来的情况来看，这些承诺几乎全部得以兑现，在当时，也只有成吉思汗一个人会这样做。这也许就是为什么有些部族反而会在成吉思汗大败时转投他的一个重要原因。

对部族如此，对属下更是如此，成吉思汗下过许多命令，其中有一条是批评一位作战勇敢不怕艰苦的著名也孙该将军的，因为这个将军自己不怕艰苦，所以就认为士兵也应该同他一样。但成吉思汗认为，每个人的情况不同，你可能不怕艰苦，但别人可能怕艰苦，你也许可以忍耐艰苦，但别人也许却不能忍耐艰苦，结果，你这个部队的整体战斗力就不会强。所以，他命令今后不能任命像这位将军这样的军事将领。

严禁蒙古军在执行任务时，除了特殊的原因，不能打猎。本来，在执行战斗任务时打猎在蒙古军是一个常例，这几乎就是蒙古军粮草的全部来源，但成吉思汗认为这样会使部队疲惫，从而影响战斗力。

成吉思汗不仅对下属体恤,而且对马匹也体恤,相比之下,这无疑具有实际意义,因为蒙古军主要是骑马,马如果太累了,军队照样没有也不会有战斗力。

成吉思汗也正是依此确定了灭金大计,在成吉思汗临死时,他指示他的后人,向宋借道,因金是宋敌,宋定会同意,然后南渡黄河攻击金之中原要冲,金人必回救。待其从北遥至,必疲惫不堪,再予以致命一击,金国必亡——也是打使金人艰苦这张牌。

但汉民族往往不这样看,当时大宋皇帝就不这样看,他对蒙古军连续作战的艰苦性不能理解,因为在他看来,蒙古军似乎不休息、不吃、不喝——那无论如何也是十分艰苦的。倒是一位大臣给他解开了谜,他认为那对蒙古军来说可能并不是那么艰苦,至少没有大家想象的那么艰苦:至于说不休息,那是因为蒙古军骑在马上,轻骑兵可能每人几匹马,一匹累了就换乘一匹;至于说没吃的,那只不过是不能像汉民族那样烹饪而已,管它什么肉丢到火中就可以吃,且很有营养;至于说没喝的,管它什么奶,尽情喝就是,也同样很有营养。

无论如何,成吉思汗并不是像人们说的那样是常胜将军,他也有失败的时候,不同的是,他的失败不同于赌徒的失败,不是血本无归,而是留下了青山,这样才有了之后的发展壮大。

重视军队，树立权威

　　成吉思汗注重树立威信表现在：他对臣下们在征战时所掳掠来的财产的进贡问题上很重视，因为这是他控制权力建立威信的一种标志。当他的三个儿子分了财物未给他进贡时，他竟怒而不见他们。这种问题的实质，主要在于臣佐是否效忠主上的问题。有一次，成吉思汗用假想中敌人围攻自己的恐怖的梦来考验跟随他外出的六位大臣，六位大臣辞以明志，忠心耿耿，他们说："在骏马的尾上，飘起云雾；在乘马的鬃上，扬起美丽的太阳的红光。把完全胜利的好消息，奏闻给合罕。"其实，这个"梦"是成吉思汗首先登上山头望见原来的敌人后说的真话，但他之所以托梦，是为了考验和激发他们。结果发生了一场真实战争，他的大臣们都奋力死战，最终获胜。而成吉思汗反倒把这次胜利故弄玄虚地归功于长生天对他的佑助，以蛊惑人心，以烘托自己的不凡。

　　成吉思汗的王者意识还显示在他对于抛弃和出卖自己主子的人不能容忍，要杀掉，哪怕是来投奔自己的。这也是一个人信守誓言和信条的表现。他曾说："杀人的生命，应当有严正的理由。"可见他很讲究道义。就拿他的封赏来说，很注意封赏那些通晓爱护领主和通晓大道理的人，因为出卖自己领主的人怎么也不能信任，不能信任，就无法志同道合。所以，他在得势与胜利后封赏时，绝对不忘记报答曾对自己有恩的人，他不惜一切代价重重地封赏他们。所以，勇士们为他流血牺牲毫不迟疑，他们忠贞不二。在《蒙古秘史》里，成吉思汗说，对于自己有恩的人，"在夜梦中，念念不忘，在白天，心坎里不能放下。"他还曾责备蒙力克未教育好儿子，说："早上说的，晚上改了；晚上说的，早上改了，是可耻的，坚持以前的话，才是高尚的。"这里他昭示给人们的是，要始终如一地友爱他、卫护他的尊严，不能犯上作乱。成吉思汗的征战生涯之所以很少失利，与他拥有好多归顺部落之间的协作和共同联合对敌有直接原因，而这，正是誓约的力量所在。

唯才是举，广纳贤才

　　成吉思汗善于发现人才、识别人才，熟知人才的品德、才能，依据人的才识分别使用。成吉思汗的知人之明，使他成为一位从草原上白手起家、统一草原进而雄霸大半个亚洲的君主。成吉思汗有着杰出人物的基本素养，所以能够有如此非凡的功业，从他一生的征战生涯，我们可以窥视他知人善任的品质。

　　成吉思汗不但善于发现人才，更善于使用人才，知人善任贯穿了他的一生。在他手下，那些勇猛果敢的人当上了将军，那些伶俐的人，管理了家属、辎重、财产和马群。相反，那些粗鲁无知的人则挨了鞭子，被派去放牧畜群。将每个人的职位依据才能而确定，成吉思汗的事业逐步壮大，日新月异的兴旺起来，终于成就了席卷天下的庞大帝国。

对木华黎的使用是成吉思汗知人善任的一大表现。木华黎早年被父亲送给成吉思汗为奴，木华黎朝夕同成吉思汗相处，渐渐展露了头角。木华黎多年随同成吉思汗征战，立下了汗马功劳，成吉思汗深知他也是个智勇双全的人物，视他为自己的左膀右臂。在统一蒙古的过程中，木华黎屡立战功，成为成吉思汗最重要的将领之一。由于他最擅长谋略，善于打仗，成吉思汗便把征讨金国的重任交给他，封他为"国王"，掌管灭金的全部权力。"太行以北，朕自处置，太行以南，悉以授卿。"为了表示信任，成吉思汗还把自己的天子旌旗赐给木华黎，下令说："锦旗所至，如朕亲临。"木华黎果然不负成吉思汗的重托，为他消灭了金国的主力。公元1206年蒙古建国后，成吉思汗封木华黎为左翼万户长。公元1216年，又命他率领数万军队征辽西。木华黎每次出征必建功立业，成吉思汗赏罚分明，有时又封他为太师、国王，赐誓券、黄金印，许以"子孙传国，世世不绝"，让他世世代代把爵位传承下去。成吉思汗对木华黎信任之深，不但给予了极高的名位，而且给予了实际的领兵、治地的权力，真正做到了"疑人不用，用人不疑"。

对博尔术的任用是成吉思汗知人善用的另一表现。成吉思汗与博尔术是少年时期就开始相识的患难之交，数十年来二人建立了深厚的友谊。成吉思汗熟知博尔术的人品与才能，知道他是一个忠勇智慧的将才，在称汗后就任用他为护卫队长，负责自己的安全防卫工作。成吉思汗仇家很多，曾经屡次遭人暗算，为了以防不测，他在被推举为乞颜部落的汗后，便建立了一支小规模的禁卫军，称之为"怯薛"。"怯薛"全是由蒙古的精锐骑兵组成，由于直接负责大汉的安全，责任重大。成吉思汗信任的博尔术，便让他统领负责自己的保卫工作。成吉思汗说："只有博尔术亲自为他值宿，才能安枕无忧"，这是他对博尔术最大的信任。后来成吉思汗把"怯薛"扩大到一万人，按照蒙古十户、百户、千户、万户的进制组织，依然由博尔术来统领。博尔术"志意沉雄，善战知兵"，成吉思汗因此就经常与他讨论政要，采纳了他提出的不少建议。公元1206年，升任万户长兼怯薛长。

许多部属多年追随成吉思汗，成吉思汗便从他所熟知的人中选拔人才，委以重任。蒙古开国时期，有八十八人被封为万户长、千户长，其中绝大多数都是这些部下。成吉思汗用多年忠诚于自己的谋臣兀孙为萨满教首领，掌管蒙古国萨满教事；又根据多年作战的实际表现和长期观察，选拔了木华黎、博尔术、赤老温、博尔忽、不台、哲别、忽必来、失吉忽秃忽、者勒蔑等一大批将领。为了下属能更好的效力，成吉思汗还选派机智有谋略的人给弟弟和儿子等做事，他将阔阔出等人委派给帖木格，将忽难等人委派给术赤，将阔阔搠思等人委派给察合台，将亦鲁格委等派给窝阔台，将者台等人委派给拖雷，将者卜客委派给合撒儿，使每一个手下，都有智囊参谋。

成吉思汗麾下战将如云。他根据每个手下的实际表现，选拔了大批智慧、勇敢、忠诚之士为战将、大臣，辅佐他成就大业。多次败于成吉思汗的札木合总结的教训说："铁木真有众多英豪为友伴，有七十三名骏马般的俊杰为其效忠尽力，如此他怎么会不所向披靡呢？"

成吉思汗用人的原则是"贤"。他所认为的"贤"，不是世人单单所想的聪明，更含有品德的因素。成吉思汗认为人首先必须忠诚可靠，其次才是有才能。如果一个人有天大才能，但不忠诚可靠，这种人也绝不能留用。他依据这两条标准，选用了大批忠诚可靠、有各种才能的贤才。

不里孛阔是主儿勤部大力士，在蒙古高原享有"国之力士"的盛誉，力大无比，在历次摔跤比武中无人能敌。成吉思汗剿灭主儿勤部后，俘获了不里孛阔。不里孛阔表示愿意用自己的力量为成吉思汗服务，但成吉思汗认为他长期追随主儿勤氏贵族，仗势欺凌铁木真家族，又多次随其主叛乱，"虽孔武有力却少忠心"，因此毫不怜惜地处死了这位大力士。蔑儿乞部主脱脱的幼子忽勒秃罕·蔑儿干是世所罕见的神箭手，成吉思汗也听说过他的盛名。术赤击败蔑儿乞部后，将蔑儿干擒获，命其射箭试验其才，果然箭无虚发，名不虚传。英雄惜英雄，术赤是神箭手，因此怜惜蔑儿干的才干，派遣使者请成吉思汗留他活命。成吉思汗认为蔑儿乞人是死敌，坚决地答复术赤说："没有比蔑儿乞部更坏的部落，我们同他们交战多次，怎能留部主之子活着，让他重新进行叛乱！你们已经取得了他们的领土，消灭了他们的军队，留这个人还有什么用啊？对于国家的敌人来说，没有比坟墓更好的地方了。"于是，术赤处死了蔑儿干。

由此可见，成吉思汗的用人原则是用人唯贤，德才兼备，而非用人惟才。

成吉思汗的目光是远大的，他不仅善于从蒙古部落中选拔人才，还善于从蒙古以外的各民族中选拔英才。他不分出身高低与部落、不分归附先后与亲疏，无论是自己培养的还是降俘的，不分阶层、民族、部落，只要有才能的人，一律加以任用。

塔塔统阿是畏兀儿人，他为乃蛮部太阳汗掌管金印钱粮，精通畏兀儿文字。成吉思汗击溃太阳汗乃蛮部后，塔塔统阿怀印逃去，被蒙古军擒获。成吉思汗问他："你带着金印要逃到哪里去？"他答道："保护金印是臣的职责，臣想找到故主把印交给他。"成吉思汗赞许他的忠心，问他此印有何用，他答道："出纳钱粮，委任人才，一切事均须用印为信验。"成吉思汗遂命他随侍左右掌印，此后凡有制旨都开始使用印章。成吉思汗还命塔塔统阿创制了畏兀儿字书写蒙古文，让他传授教皇族子弟读书写字。

名臣耶律楚材是契丹人。他出身世家，是辽太祖耶律阿保机的九世孙，世居燕京，父亲耶律履曾任金尚书右丞。耶律楚材自幼勤奋好学，博览群书，精通天文地理、律历术数。蒙古军队攻占燕京后，成吉思汗敬慕他的博学，就对他说："辽金是世仇，朕攻打金国，为你报仇了。"耶律楚材却不以为然地回答说："我的父祖都是金朝的大臣，既为金臣，岂能背君，更不敢以君为仇！"成吉思汗敬重他的忠心，命令他随侍作书记官。西征期间，成吉思汗忙于征伐，未能重用耶律楚材，但是却没有将他遗忘，他十分欣赏耶律楚材所说的"治弓尚须用弓匠，治天下者岂可不用治天下匠"，指着耶律楚材对继承人窝阔台说："此人乃天赐我家，吾四处征伐不曾重用，尔日后当政，军国庶政当悉委之。"后来，耶律楚材果然受到窝阔台的器重，成为有作为得一代名臣。

巴儿忽惕部是成吉思汗的仇敌，但是该部的喳木海通晓火药，懂得用炮石攻城。成吉思汗向他询问攻打坚实的城墙使用哪种武器最好，喳木海回答说："攻城以炮石为先，力重而能及远敌，攻城则城破，攻人则人亡。"成吉思汗很高兴，并没有因为他出身敌部而弃之不用，而是他担任炮手，攻城掠地，没过多久又提升他为达鲁花赤，命他随木华黎攻打金国。喳木海不负重托，选五百余人训练组成炮手部队，专门负责使用大炮，在攻打各国城池时发挥了巨大的作用。

对于他人尚且如此信任，对于自己的家人成吉思汗更是特别重用。成吉思汗的弟弟合撒儿、别勒古台，儿子术赤、窝阔台、察合台、拖雷，养父蒙力克家族，养弟、养子失吉忽秃忽、博尔忽、察罕等都担任重要官制，那些追随他多年的近侍，也担任一定的官职。成吉思汗的亲人和随从与他长期相处忠诚可靠的人，成吉思汗熟知他们的品性才能，因此他能根据他们的才能和实际表现选用他们。对于没有多少本领的近人，成吉思汗决不会因为血亲关系而轻易授职。如诸弟中合撒儿、别勒古台才能突出，成吉思汗就委以重任，而合赤温平庸无能、帖木格贪吃嗜睡，很长时间里只负责掌管后备战马的责任。成吉思汗建立"怯薛"时，合赤温、帖木格仅被委任为一般卫士，而博尔术、奴婢者勒蔑两人则被委任为队长。可见，成吉思汗虽重用亲人却非任人唯亲，而仍是坚持任人唯贤的原则。

对于自己的儿子，成吉思汗也不偏袒，并不因他们是自己的儿子而轻易授予权柄，而是努力教育培养他们，等他们成才之后，具有一定的能力时，才委派一定任务。长子术赤首次率军初次出征时，已经追随成吉思汗征战沙场十几年，早已成熟并具有较强的实际能力。术赤顺利完成任务后，成吉思汗十分高兴，嘉奖他说："你初次出征，所到之处，人马无恙，使森林狩猎部落百姓都归附了，现在朕将这些你征服的百姓都赐给你。"术赤有了一定的经验，成吉思汗才派察合台、窝阔台受命与他同率一支军队攻打金国。幼子拖雷多年跟随在成吉思汗身边，随父征战，到拖雷三十多岁的时候，成吉思汗才委派他独自率领军队。

那可儿部属，只是追随成吉思汗的那可儿、部众中的一小部分人，担任万户长、千户长或其他重要官员的人，毕竟是少数。其十户长有一二百人，百户长有一二千人。和成吉思汗本人接触多，能有较多的表现机会，在他身边，能更多地接受成吉思汗智慧的熏陶，增加受提拔重用的机会。成吉思汗提拔手下不是依据个人关系亲疏的，而是始终根据部属的实际能力和功绩。他警告部下说："十夫长不能统率；其十人队，将连同其妻子儿女一并定罪，然后从队中另择一人担任，对待百夫长、千夫长、万夫长们也这样！"这段话充分表现了成吉思汗用人唯贤的原则。

官职的提拔是依据功绩和才能而定的。神箭手哲别刚降顺成吉思汗时，因为他忠于君主、诚实可靠，又有善射的才能，被任用为十户长。他勇敢善战，便晋升为百户长；后来他率领部队屡建战功，于是又被提升为千户长，并担任先锋。根据他历次战争中的出色表现，成吉思汗熟知他智勇双全，有能力独自指挥较大部队作战，便提升他为万户长。公元1218年命他率军征服西辽，公元1220年命他率万骑追击花剌子模国王，让他独当一面。

成吉思汗的文臣武将中，有各部落、各民族的人。左翼万户长木华黎为札剌亦儿部人，右翼万户长博尔术为阿儿剌部人，中军万户长纳牙阿为八邻部人，大断事官失吉忽秃忽为塔塔儿部人，察罕等为西夏党项人。成吉思汗的不少将官出身卑微，万户长木华黎奴隶出身，万户长博尔术、速不台等牧民出身，万户长哲别战俘出身。各部落、各民族、各种出身的人都齐心协力为成吉思汗服务，共谋大业，蒙古帝国才有了蓬勃发展的活力。成功的帝王都是一样的，失败的帝王却各有各的原因！和历史上许多开国立业的帝王一样，成吉思汗的成功，不仅仅依靠自己突出的才能，更为重要的是他懂得利用别人的才能，识别人才、提拔人才、驾驭人才，知人善任。一个人的能力终究有限，再强也只不过是匹夫之勇，难以抵御万人。人才在任何时代都是最重要的因素，历史上每个伟大的君主的背后都离不开贤能之士出谋划策、贡献智慧，同样，成吉思汗的帝国也离不开人才的力量。与众不同的是，成吉思汗把忠诚的品德作为任用人才的最高标准，这样他所任用的人不但异常忠心，而且源源不断，他的事业也借此蒸蒸日上。

是否善于聚集英才、使用英才不仅验证一个人的心胸大小，更能展示他才智的高低。成吉思汗善于聚集豪杰于自己的身边，众多英雄人物的辅佐帮助，是他得以兴起的重要条件，也是他之所以战胜众多对手的秘诀之一。然而，聚集人才，并不是一件简单的事情，它是对一个人综合素质的考察和验证。

成吉思汗依附札木合一年半多，便逃离了札木合，但在蒙古各部族中都建立了威名，各部人们都想投奔他。所以，成吉思汗独立不到一年，即收容众多部众，并有了许多的得力将领。特别是几位与铁木真有着近亲关系的蒙古亲王的到来更使得铁木真如虎添翼。这几位亲王是：铁木真的叔叔答里台；铁木真的堂兄弟忽察儿；主儿勤氏首领薛扯别乞和泰出；忽图剌汗之子阿勒坛，他们都是事后离开扎木合前来投铁木真的。

此外还有者勒蔑之弟察兀儿罕，忽必来族人忽都思，博尔术的堂兄斡歌莲，格尼格思人忽难，以及札只剌人末特合勒忽。这些人都是当时有志之士，后来皆成为成吉思汗手下的大将，在统一战争中屡建奇功。这样，成吉思汗的力量越来越大。即使在成吉思汗建立政权之后，他也注意收取降将来不断地增强自己的力量。成吉思汗攻取金朝时，在蒙古铁骑的不断进攻之下，金朝内外矛盾迅速激化，大量契丹、汉族将领和地主在蒙古强大的军事面前，背叛金国，归附蒙古，其中包括郭宝玉、刘伯林等名将名臣。而成吉思汗对这些前来臣服的叛将非常重视，给予他们很高的待遇，并委以重任。在蒙金两军野狐岭大战前夕，女真统帅派契丹人石抹明安出使蒙古，让他质问成吉思汗入侵理由，谁知，石抹明安见了成吉思汗后投向了蒙古。成吉思汗追问他投降的理由，他回答说："我早就有归顺你的想法了。"成吉思汗之所以大胆任用降将，也正是因为他看到了金国内部深刻的民族矛盾，于是大胆任用契丹降将。在伐金的过程中，先后还有石抹也先、史秉直、史天倪、史天泽父子及石天应、严实、董俊等金国臣将前来降服。而在蒙古灭金的过程中，这些人都发挥了巨大作用，成吉思汗对这些降将的重用，不仅给金朝的各级统治者造成极大的恐慌，大大削弱了金朝统治力量。同时重用降将也激化了金朝统治者的内部矛盾，使统治阶层内部相互攻击，制约了金朝的军事与政治力量。统治者中的高级将领大规模的投降蒙古国使得金国百姓感知到了金王朝的腐朽和蒙古的兴盛，于是也开始大规模的叛离，辽以耶律留哥为首的契丹人民起义；汉族人民也不愿再忍受女真族的黑暗统治，起义反抗，其中最著名就是杨安儿、李全领导的红袄起义军。这些起义从内部大大削弱了金朝的统治力量，牵制了金军的部队，从而减轻了蒙古军队在战争中的压力。

在众多的文臣武将中，一位杰出的儒家实践者和佛家信徒耶律楚材也一直伴随在成吉思汗左右。他的思想言论对成吉思汗及其子孙发生了重大影响。耶律楚材具有政治家的品质和才能，作为一个异族人，虽然成吉思汗与他在文化上存在着巨大的鸿沟，但成吉思汗却因为他的杰出才能而重用他，时时注意倾听他的意见，这不能不说是成吉思汗眼光的独具和心胸的宽广。耶律楚材不仅对蒙古的对外扩张起到了重要作用，还帮助成吉思汗树立了以儒家思想治天下的方针，一直影响到成吉思汗的孙子忽必烈。得此等人才的辅助，何愁不得天下呢?

可以很明显的看到，成吉思汗一生都在重用人才。他敢于打破民族界限，大力擢用降服而来的异族人才，说明他的人才观不是狭隘的。他充分尊重人才，反映了他不拘一格笼络人心的智慧。

"三个臭皮匠，顶个诸葛亮"，作为领袖人物，成吉思汗深知要成就大事，事业有所成，必须会知人善任，必须借助于众多能人的帮助，才能成功。成吉思汗年少时就凭独特的人格魅力，聚集了各方面的豪杰之士。终成吉思汗一生，在各个方面，利用每个人的力量与才能，在关键的时刻总有人来帮助。借助于他人的能力成就自己的事业，是成吉思汗的过人之处。

第五章
汗位争夺，智者无敌

蒙哥汗逝世后，剩下的兄弟之间又上演一幕幕为了争夺汗位的画面。忽必烈接受汉臣的建议，先声夺人，首先登上汗位，从而操控大局。其弟阿里不哥最终被打败，无缘汗位。

拖雷长子，蒙哥登基

蒙哥（1209～1259年），史称"蒙古汗"。成吉思汗孙、拖雷长子。1251～1259年在位。即位前曾参加长子军西征，活捉钦察首领八赤蛮，进攻俄罗斯等地。1251年，被拔都拥立为大汗。

窝阔台统治蒙古期间，在军事上、政治上表现出卓越的才能，但在蒙古帝国的汗位继承制度上却没有建树，以至他去世不久，诸系便围绕着汗位继承展开了激烈的争夺，最终酿成骨肉相残的悲剧。公元1251年蒙哥终于夺取实权，登上汗位。

成吉思汗的长妻弘吉剌氏孛儿帖生有四个儿子：术赤、察合台、窝阔台、拖雷。成吉思汗死后，拖雷继位，世称元睿宗。拖雷死后，窝阔台系暂时执掌了政权。贵由死去，使窝阔台系失掉最后一位治理国家的人才，剩下的全是孤儿寡妇。贵由妻斡兀立海迷失沉溺于巫术之中，成天和萨满巫师在密室策划，对朝政一概不知，只是偶尔跟商人做点买卖。她的两个儿子，忽察和脑忽，年轻任性，而且谁也不服对方，只是在反对把汗位从窝阔台系转移出去这一点上，他们才又暂时结合。

而术赤系内，拔都继位后，兄弟之间和平相处，内部稳定。他征服南俄草原，建立了钦察汗国，驻军伏尔加河畔，兵强马壮，一直在等待时机。拖雷系内，其妻唆鲁禾帖尼别吉抚育的四个儿子蒙哥、忽必烈、旭烈兀、阿里不哥长大成人，兄弟四人个个能征善战，都有继承汗位的能力。拔都、唆鲁和帖尼别吉结成斗争同盟，准备里应外合，夺取政权。

唆鲁禾帖尼，克烈部王罕弟扎合敢不之女，克烈部灭亡后，成吉思汗把她赐给拖雷为妻。王罕是蒙古兴起前漠北最强大的游牧部族领袖，成吉思汗曾归属于他。克烈部的文明程度高于蒙古部，他们信奉基督教聂思脱里派。唆鲁禾帖尼可以说是出身于当时最显赫的草原贵族家庭。史书称颂她谦逊、坚定、聪明、贞洁，才能超群，善于抚育子女、统御部众，蒙古人把她称为"赛因额客"（意为好母亲）。

拖雷死后，唆鲁禾帖尼掌管了他生前的一切事务。窝阔台打算把她嫁给自己的长子贵由，但她婉言拒绝了，表示只愿意把诸子抚养成人。窝阔台未与宗亲商议，就以大汗地位擅自把属于拖雷的二千户、一千户授予自己的儿子阔端，拖雷属下大臣宿敦、失吉忽秃忽、忙哥撒儿等不服，告诉了唆鲁禾帖尼并要她向窝阔台提出质问，她说服了他们，让他们遵从大汗旨意，不要计较财产问题。前一件事，她坚定地维护了拖雷家庭的权益和地位；后一件事则审时度势，顾全大局，不仅避免了内讧的发生，而且讨好了阔端，使他后来支持她和拖雷诸子。唆鲁禾帖尼治家有方，遵守札撒管教诸子。"她考虑到他们（诸子）和丈夫的军队的食品和装备之时，建立了严格的核算措施，使任何欺骗都不可能得逞。合罕（窝阔台）一切事情都同她商量，不违背她所作出的决定，而且不允许对她的命令作任何更改。"窝阔台死后，汗位暂时没人继承，皇后干预朝政，致使法纪败坏，朝廷动荡不安。诸王为了征敛财物滥发牌符，只有她和诸子没有这样做，从而赢得了声誉。她对属下臣民爱护有加，严惩过度征敛赋税、压榨百姓的税吏、达鲁花赤和军士，因而她领地内百姓比其他诸王领地境内百姓的处境要好。公元1236年，窝阔台对汉地州县民户进行分封，以真定路八万户属唆鲁禾帖尼。当时驻在真定境内的数万蒙古军，在其驻地附近经常骚扰百姓，"伐桑蹂稼"，农业生产遭到很大破坏，真定地方长官史天泽向她报告，她立即下令把他们迁到岭北草原，"由是军民息肩，田里遂有生之乐"。真定的农业生产很快得到恢复，人口也迅速增加起来。

唆鲁禾帖尼还十分重视宗教、文化，注意招揽人才。她信奉基督教，但对道教、佛教、伊斯兰教同样加以保护，对各种宗教的教士和学者加以优待，对儒学和儒士也给予同样待遇，对于各种人才，她都非常器重。太一道长萧辅道才学宏富，在中原地区名声很大，曾被忽必烈请到蒙古。向他询问治理的方法。唆鲁禾帖尼授以懿旨，封其为中和仁靖真人。她还把真定名士李磐征召到蒙古，命他侍从幼子阿里不哥"讲读"，当时真定路汉族知识分子有很多被唆鲁禾帖尼和拖雷诸子征召到蒙古。她还从西域召来了著名的基督教徒天文医药家。她让这些有才能的人分别辅佐教育她的几个儿子，成为他们日后成就霸业的谋士和治国功臣。

在蒙古贵族内部激烈的权力斗争中，唆鲁禾帖尼以其深谋远虑和果断机智，为拖雷家族最终夺取汗位立下了大功。她恩赐宗亲、犒赏军民，因而获得了各方面的拥戴。而且很友好地处理和大汗窝阔台的关系，因而窝阔台对她十分尊重和信任，军国重事都与她商议（这是因为拖雷家族掌管了大多数蒙古军队）。

窝阔台死后，汗位空悬长达五年，乃马真后本打算立自己的小儿子贵由作大汗，而拔都与贵由不和，拒绝参加选汗大会，不断拖延时间，成吉思汗幼弟这时也领兵来争汗位，内战随时可能爆发，而且朝政日益败坏。在这样的形势下，唆鲁禾帖尼率诸子参加大会，同意推举贵由，稳定了动荡局势，同时也使自己的声望和权威得到进一步提高。但贵由即位后，一直怨恨拔都，通过种种方法，不断排挤他，削弱他的力量。公元1248年初，贵由以叶迷立的气候更适宜于他的病体为借口，率领军队离开都城和林向西进发，其真实目的是讨伐拔都。这一点被唆鲁禾帖尼洞察，她秘密派使者驰告拔都，请他做好准备，拔都立即起兵东进迎敌。拖雷家族和术赤家族经过这件事后关系更加密切，形成了反对窝阔台系的联盟。三月，贵由在西行途中死去，传说是被拔都毒死。拔都即以长兄（长支宗王）身份邀请各支诸王、大臣到他的驻地召开忽里勒台大会，商议推举新大汗。窝阔台系和察合台系两支只有很少诸王去赴会，贵由皇后斡兀立海迷失只派大臣八剌为代表到会。机智的唆鲁禾帖尼赶快把长子蒙哥遣往那里与拔都会面。从当时形势看，拔都已在钦察草原立国，似乎没有争夺汗位的意图，并且实际上他也不可能取得汗位，汗位的合法候选人应是窝阔台后裔。拖雷家族虽有幼子宗支的特殊地位，并且实力雄厚，但要取代窝阔台系，则需要借助各支宗王的支持。

这次会见，加强了术赤系和拖雷系的团结，他们决定了共同的汗位人选。拔都对蒙哥的到来非常欢迎，他念在与拖雷系的交情，并且与窝阔台系诸王有矛盾，故此决定推选蒙哥为汗。他称赞蒙哥才能非凡，并且指出窝阔台系诸王违背父命立贵由；他还责备他们不应该把成吉思汗最宠爱的幼女处死，因此，他们不能继承汗位。

贵由死后第二年（公元1249年）推选新汗的忽里勒台在阿剌豁马黑召开。参加会议者除术赤、拖雷两系诸王外，还有窝阔台系以及察合台系。拔都推举蒙哥继承汗位，虽然有一部分人提出质疑，但是蒙哥也顺利地获得忽里勒台的推选。

拔都派他的兄弟别儿哥、脱哈帖木儿护送蒙哥返回斡难怯绿连，准备来年正式举行登基大典，同时也等待窝阔台系下诸王忽察、失烈门、脑忽，察合台系下不里、也速蒙哥、也孙脱哈参加。双方为争夺宝座继

元大都城墙遗址

续进行着激烈的斗争。

窝阔台、察合台两系诸王接连不断向拔都遣使，反对大会的决定，拒绝出席登基大典。窝阔台系诸王说："你怎么能把应归属我们的汗位授予他人？"拔都答复道："推选是兄弟的一致意见，已经无从更改。蒙哥有治国才能，而且，他会照顾窝阔台系诸王的利益，因为治理如此一个从东至西的大帝国，绝非孩提之辈力所能及。"使者只好无功而返。

唆鲁禾帖尼也加紧活动。她不断对他人给予恩惠，大肆收买人心，并邀请亲友们参加忽里勒台。对她不友好的诸王，她一开始则施展怀柔手段，向他们派遣使者，表达她的诚意和关怀，要他们站在她一方。这招行不通之后，她又采取软硬兼施的办法，温言抚慰和威胁恐吓交替使用。

一年过去了，协议仍没有达成，登基大典只好延期举行。最后，拥立蒙哥的诸王在斡难怯绿连集会，派遣袭剌门必阇赤去见斡兀立海迷失及其子，派遣阿兰答儿必阇赤去见蒙哥，要他们马上来参加大会。迫于大势，忽察、脑忽、失烈门、也孙脱哈等相继动身出发，但他们故意拖拖拉拉，落在后面。预定日期已过，他们仍没有到达，别儿哥遣使向拔都请示办法，拔都回答说："拥蒙哥登基，胆敢违反法令者，斩。"于是，公元1251年七月，与会诸王单方面举行忽里勒台。蒙哥为人严谨，他的登基暂时平息了蒙古宫廷内的长期斗争。他整饬朝政，重委官吏，继续东征西讨，把蒙古帝国从分裂中拯救出来，并得到巩固和发展，为忽必烈灭宋以及旭烈兀平哈里发奠定了基础。蒙哥的即位，使窝阔台系对蒙古的统治至此宣告结束。

开平称汗，先发制人

公元1258年，蒙哥发动三路大军进攻南宋，并亲率元军主力力攻四川，其弟忽必烈率中路攻取武汉，塔察尔率东路军攻取荆山，另命兀良合台从云南包抄过来，打长沙，计划各路会师武汉，顺流东取南宋京都临安。

公元1259年，蒙古帝国大汗蒙哥在四川驾崩，享年52岁。蒙古帝国暂时出现了权力的真空，黄金家族诸部为了成为汗位的继承人，明争暗斗，互不相让，强大的蒙古帝国分裂为钦察汗国、伊儿汗国、察合台汗国和蒙古等五个部分。

蒙哥死后阿里不哥立即调动军队并且和有影响的蒙古显贵结盟。公元1260年年初，阿里不哥的一个盟友向开平城进军。出征期间坚守在后方的察必立即派出一位使者将阿里不哥的计划和行动通知忽必烈。

消息传到蒙古伐宋东路军大营时，忽必烈正在围困鄂州。鄂州城防坚固，宋军抵抗顽强，蒙古军急攻两月不下，进军受阻。忽必烈万万也没有想到，阿里不哥居然不顾兄弟情义，竟然秘不发丧，谋夺汗位之心如此急切。他本来也想到阿里不哥可能会与他争夺汗位。但是，在忽必烈的心目中，争夺汗位也好，兄弟不信任、纷争也好，都是家事，是家人内部的不和与纠纷。在关键时刻，一家人还是向着一家人的。而灭宋一统天下才是最重要的。现在看来，自己的想法太天真了，自己在外连年征伐，苦心经营，一门心思地征战，自己的这个亲弟弟就已经在后面紧锣密鼓地动起手来了，怎能不让他心寒？忽必烈立刻在军前召集他的将领、幕僚商议对策。

诸将建议应即日启程，一刻也不能耽误，放弃辎重，率轻骑驰归燕都。同时，派出一部去四川，与穆哥亲王会合，迎接蒙哥大汗的灵枢，拿到大汗玉玺。派出能言之臣，分别到东道诸部，联系合撒儿王爷，他是东道诸王中地位最尊者，一旦有他的拥戴，其他各王爷定会随和。年轻一派要重点做好塔察儿的工作。至于西道诸王，也派出使者联络，重点是钦察汗国、伊儿汗国、察合台汗国。一旦到京，应立刻遣使至各部落及诸王驸马，号召大家会合和林。中原地区则差官于汴京、京兆、成都、西凉、东平、西京等地，好言相劝，耐心抚慰；等去和林时，要让真金王子坐镇燕京，多备甲兵，严阵以待，密切注视和林，静观其变。这样，全国将以忽必烈的号令行事。若阿里不哥不听，则趁机把诸王爷召集到开平，举行忽里勒台大会，这样不但汗位可得，而且也占理。

公元1259年年底，忽必烈轻车简从北返，回到燕京。一到燕京，忽必烈立即分派霸都鲁、兀良合台率领精兵包围并解散了阿里不哥的亲信脱里赤所召集的军队。等接到廉希宪游说东道诸王成功的消息后，忽必烈大喜，立即派人去通知诸王，会丧和开忽里勒台大会地点由和林改为自己的行营开平。

开平是忽必烈在经过漠南时新建的王府，建成后，忽必烈将金莲川幕府迁移到此，开平就成为忽必烈的一个参谋本部。

支持忽必烈的耶律铸和穆哥亲王也逃离和林，来到开平，投奔忽必烈。东道诸王塔察儿、移相哥（哈撒儿之子）、忽剌忽儿（成吉思汗弟赤老温子）、爪都（成吉思汗弟别勒古台孙）和郝经游说的西道诸王合丹（窝阔台子）、阿只吉（察合台子），也率部来到开平与忽必烈会合。

公元1260年三月，开平城内张灯结彩，披红挂绿，蒙古忽里勒台大会在忽必烈王府的大厅里举行。

忽必烈首先带领大家跪拜了长生天，祈求长生天赐福给蒙古部落，保佑蒙古部落繁荣昌盛。仪式结束后，忽必烈庄严地转过身来，用悲伤的语调对诸王说："诸位宗亲王爷、各路部族酋长，蒙哥大汗驾崩，海内震恸，黔黎哀号，生民垂泪。然命运在天，非人力所及，蒙哥大汗已去，不可复生。但祖宗创下的基业不可一日无主。如今南蛮尚未平息，西部诸降地又有反抗的苗头，我等为社稷着想，故召宗亲诸王、各部酋长会丧开平，共商拥立大计。希望大家集思广益，选取聪敏仁厚、文武兼备之人，承继大统，稳定社稷，上应天心，下顺民意，则苍天有幸，万民有幸。"

移相哥首先站起来说道："父汗因年老力衰，不能亲自到这儿，不过他的心却不老。临行时，他老人家一再嘱咐我，说忽必烈王爷治漠南征大理，功勋卓著；此次与蒙哥大汗一起征伐宋国，长驱直入，跃马渡江，江北大片国土尽归我朝。此等壮举，亘古未有！况且，大家都知道，忽必烈王爷宽厚仁慈，广施仁政，中原归心，万民拥戴。我们科尔沁草原诸王推选忽必烈王爷当大汗！"

塔察儿自从上次忽必烈施恩与他，就对这个王子另眼相看，他看到移相哥发言，自己代表着年轻派王爷，当然也得表个态，因此，他站起来说道："忽必烈殿下不仅是成吉思汗的嫡孙，还是唆鲁禾帖尼所生，为蒙哥大汗的异母弟，以贤为长，当有天下。"

起初忽必烈推辞道："大家的好意我心领了，也记住了。不过，依照我们蒙古族的传统，应该立小不立大、立幼不立长，大家应该推举阿里不哥王子。忽必烈不敢违背祖制。万万不可！否则，不是陷忽必烈于不忠不孝吗？"

合丹说："王爷所言差矣！立幼不立长的旧制早就被成吉思汗废掉了，窝阔台是成吉思汗的第三子，贵由和蒙哥都是成吉思汗的嫡孙，他们能当大汗，王爷为什么不可以当！"

众人齐说："能当！为什么不能当！殿下聪敏仁厚，文武兼备，正是人君之象，可以继承大统，稳定朝纲，完全符合祖制！您就不要推辞了！"

于是，忽必烈正式登上汗位，取《易经》"大哉乾元"之义，建国号为"大元"，建元中统。登基后，他一面根据蒙古旧制，参照汉族朝廷，尤其是唐宋二朝的中央机构和典章制度，建立新的行政机构和典章制度，一面派出使者立刻诏告天下，包括正在和林酝酿称汗的阿里不哥。

忽必烈依靠智谋，如愿以偿抢在阿里不哥之前登上大汗宝座，他成功了，一下子扭转了不利的形势，变被动为主动，赢得了许多部族的声援和支持。可是，阿里不哥不服，在和林自立为汗。漠北上空二日并出，同室操戈，兄弟相残，血雨腥风便再一次席卷了蒙古草原。

兄弟相争，忽必烈胜

忽必烈先发制人，在漠南抢先即位，这完全打乱了阿里不哥的预谋。他只得于公元1260年夏季，在驻夏据地阿勒泰山中匆匆召集留守漠北的诸王宗戚，举行大会，并在会上被拥立为大汗。出席本次大会的有察合台子哈剌旭烈的寡妻兀鲁忽乃妃子、察合台孙阿鲁忽、窝阔台孙睹儿赤（合丹子）、海都（合失子）、术赤孙忽里迷失和合剌察儿、蒙哥子阿速台和玉龙答失、塔察儿子乃马台、别勒古台之子等。这样就出现了两大汗相抗衡的局面。但是比较有影响力的东道诸王却很少站在阿里不哥一方，但他从西道诸王那里获得的支持，又要多于忽必烈。

而成吉思汗直系各支宗王一直比较认同阿里不哥才真正代表了蒙古大汗的统系。各支宗王的政治态度对忽必烈颇为不利。为改变此种局面，忽必烈先派支持自己的察合台后王阿必失哈（阿只吉长兄）急驰西北，企图用他控制察合台兀鲁思的政局，使之与中原汉地势力为掎角，拊制漠北。阿必失哈一行在途经河西时为阿里不哥的军队截住，察合台兀鲁思落入阿里不哥派去的阿鲁忽之手。不久，阿鲁忽和旭烈兀渐与阿里不哥生隙。忽必烈抓住时机，以明确承认二者在各自势力范围内的既有权益为条件，争取他们对自己的支持。他宣布，自阿姆河西至马木鲁克疆界的塔吉克地面当归旭烈兀统治守卫，自阿勒泰山至阿姆河之地则由阿鲁忽镇守。至此，除术赤后王早已分治于钦察草原之外，突厥斯坦西部及河中地区、波斯和呼罗珊也正式从大汗直接领有的国土中分立出来，成为中央汗廷的守藩之国。建国次年，忽必烈与西道诸王的关系基本和解，遂使他得以全力对付阿里不哥。

阿里不哥和忽必烈首先展开了争夺地域的斗争，初期，双方争夺的中心区域是开平至燕京一带以及秦、陇、蜀地区。阿里不哥派脱里赤在漠南诸州征集军队，敛集财物，企图抢先把开平至燕京一带窃为己有，并断绝忽必烈的归路。忽必烈回师燕地后，察其心怀叵测，便解散了脱里赤征集的军队，从而使阿里不哥对开平的威胁得以解除。秦、蜀、陇地区的情况则比较复杂。散处秦、蜀的征南诸军，有的支持阿里不哥，有的支持忽必烈，有的则介于两者之间，坐山观虎斗。阿里不哥在这里虽有较强的军事力量，但没有一个明确的军事计划。

为了夺得这一地区，忽必烈采纳了廉希宪的建议，在鄂州回师的时候，他就派赵良弼前往关右了解情况，接着又命廉希宪等为陕西、四川等路宣抚使，经略这一地区。廉希宪至京兆后，见机行事。他依靠汪惟正、刘黑马、汪惟良等人的军事力量，迅速捕杀了霍鲁怀、刘太平、蜜里火者、乞带不花，同时命汪惟良等率军向六盘进军，以防浑都海东来。这样，忽必烈在秦、蜀、陇地区的力量逐步得到加强。

公元1260年秋，阿里不哥兵分两路，大举南下。东路军由旭烈兀子药木忽儿、术赤后王合刺察儿统率，自和林逾漠南进。西路军由阿兰答儿统领，直指六盘山，意在接应从四川前线退屯该地的蒙哥攻宋主力，这支军队在蒙哥死后曾归阿速台节制，阿速台投奔漠北后，一直控制在阿里不哥的大将浑都海和哈刺不华手里。阿里不哥的左路军以宗王为帅，而且直接威胁汉地政治经济中心燕京，因此忽必烈亲自领军逆之，而以移相哥、纳邻合丹（当为合赤温孙）为其前部。移相哥军击溃药木忽儿和合刺察儿，阿里不哥难以继续立足和林，匆匆退到由他继承的拖雷分地吉里吉思。忽必烈大概是循帖里干道，顺利进至和林。其时约在当年初冬。当时和林城的残破或许相当严重，所以到达不久，忽必烈便南至汪吉河东营地，以为短期休整。阿里不哥生恐忽必烈乘胜追击，乃遣使假意求宥，并称待马力稍复，再赴阙谢罪。忽必烈深以汉地政局为念，遂留移相哥镇漠北，自己冒严寒逾漠南返。

南指六盘山的西路军虽为偏师，但它牵动川蜀关陕，使那里本已化险为夷的形势又紧张起来。原来早在廉希宪受命宣抚京兆、四川时，屯兵观望于六盘山的浑都海就企图联络阿里不哥遣往关中的刘太平、霍鲁怀及川蜀军中亲阿里不哥的将领发难。廉希宪当机立断，捕杀刘太平、霍鲁怀，以处于弱势的军队拒阻浑都海，"但张声势，使不得东"。浑都海果然中计，"闻京兆有备，遂西渡河，趋甘州"，采取了"重装北归，以应和林"的下策。关陕之危竟得安然解脱。可是当阿兰答儿提兵与北归途中的浑都海会师之后，这支军队重又折返东向，并派人约结陇蜀诸将，一时"人心危疑"，朝士至有捐弃两川、退守兴元之议。两军兵锋初接，朝廷方面又先失利，遂愈使"河右大震"。这时候，忽必烈增派的诸王合丹（窝阔台子）、哈必赤（合撒儿子）等率师与汪惟良等"合兵复战西凉，大败之，俘斩略尽"。阿兰答儿、浑都海被擒杀。关陇遂安。

公元1260年五六月间，忽必烈不断调兵遣将，筹集粮草，积极备战。七月，准备工作大体完成，忽必烈便"自将讨阿里不哥"。九月，阿兰答儿率军从和林南下，与浑都海的军队会合。忽必烈方面的诸王合丹也率领骑兵与汪良臣的军队会合，于是分兵三路进行抵抗。双方在甘州东面山丹附近的耀碑谷展开了一次激战。"既阵，大风吹沙，良臣令军士下马，以短兵突其左，绕出阵后，从右边直打到前面，合丹勒精骑邀其归路，大战于甘州东，杀阿兰答儿、浑都海。"结果，忽必烈的军队大获全胜。

中统元年冬，忽必烈决定亲自进军和林。阿里不哥自知敌不过忽必烈，逃至谦州（今叶尼塞河上游南），忽必烈命宗王移相哥留驻和林，自己返回开平。阿里不哥以自己的分地谦州和按台山（今阿尔泰山东南）为根据地，到处骚扰，并控制了窝阔台和察合台后裔的分地。忽必烈即位后，曾派阿必失哈及其弟哈萨儿前往察合台分地管理当地事务，但阿里不哥的支持者在途中拘留了他俩，阿里不哥另派阿鲁忽前往，守住其东境以抗击忽必烈军，守住阿姆河以防别儿哥、旭烈兀军前来相助忽必烈。阿鲁忽至阿力麻里后，根据阿里不哥旨意夺取了兀鲁忽乃（察合台长孙哈剌烈之妻）的权力，并把术赤系势力逐出河中地区，控制了察合台系的全部封地。这时，他已拥有15万骑兵，遂不愿听从阿里不哥的指挥。不久，阿里不哥遣使者来征牲畜、士兵和钱物，阿鲁忽扣留了他们征集的物资并杀其使者，宣布归附忽必烈。忽必烈命他管理从按台山直到阿姆河的兀鲁思和诸部。

中统二年二月，诏命燕京行省及各路宣抚使北上开平，会议军国大政。三月末，燕京省官毕集开平。本年夏季，除检核钱谷、充实省部、擢用辅弼外，朝廷还为中央和地方官府制定了若干具体的行政条款，行政中枢既经调整扩充，更明确地分为两个班子，以史天泽、张文谦等人留中，王文统、廉希宪等行省事于燕。秋，又置大司农官，并置十道劝农使司，"为之使者，皆取于故国老人、君子长者，亲行田里，谕以安辑，教之树艺"。

溃败远遁的阿里不哥，歇息于吉利吉思；至公元1261年秋天，元气稍有规复，又举兵东来。他事先遣使向移相哥伪称率众来归，使移相哥疏于防备，因而突袭成功。移相哥大军溃散，和林城再次失守。十月，忽必烈率诸路汉军与蒙古诸王所部再度北征。两军相遇于昔木土脑儿之西，阿里不哥先因所部外剌军队溃败撤兵。待阿速台率领的后继部队赶到，阿里不哥回军再战。其右翼被击败，左、中两翼与忽必烈军鏖战至夜仍不分胜负。自是双方引军后退，相峙于大碛南缘。是年冬末，忽必烈师还，"诏撤所在戍兵，放民间新签军"，形势似乎缓和下来。公元1262年，据守和林的阿里不哥因粮饷不继，而由他派往察合台兀鲁思的阿鲁忽又拒绝听命，截留他征集的货物，因此愤而移兵西讨阿鲁忽。阿里不哥自知一旦挥兵西指，和林终将不守，所以临行指令和林城诸长老，许其举城归降忽必烈军。阿里不哥西徙后，忽必烈所部果然不战而收复和林。

公元1262年冬，阿里不哥在击败阿鲁忽后驻营于阿力麻里。他肆行杀掠，伊犁河流域为之残破不堪。公元1264年春，阿力麻里大饥，军心亦愈涣散。阿里不哥计出无奈，被迫向忽必烈投降。长达5年的汗位纠纷由此结束。这次纷争，客观上为蒙古军事贵族中主张"祖述变通"以"补偏救弊"的一派把统治中心从碛北移至漠南，从而更加便利于他们采纳汉法，加强对中原的统治，提供了一个适逢其时的契机。

忽必烈夺取汗位的胜利，从本质上来说是蒙古统治集团内部"汉法"派战胜了守旧派，同时也说明了历史的规律是不可抗拒的，阿里不哥那样坚持维护旧的统治方式，失败是注定了的；而忽必烈能够顺应历史发展，适应汉族地区生产力发展的需要，采用原有的封建统治方式，因而在历史上作出了自己的贡献。

在经济方面，忽必烈更占有绝对优势，而阿里不哥的吉利吉思根据地，十分恶劣，经济上一直陷于困境。忽必烈推行了一套比较成功的民族政策，调和了蒙汉上层利益，而阿里不哥仍坚持草原贵族那种落后的政治经济方式，他根本没有意识到获得汉族地主阶级支持的重要意义。在个人素质方面，忽必烈政治斗争与军事斗争经验相当丰富，而阿里不哥既缺乏政治斗争经验，也不懂用兵，因而避免不了失败的命运。

忽必烈对阿里不哥的胜利有着重大的历史意义。由于这一胜利，忽必烈巩固了在中原地区的统治，重新确立起被破坏的秩序，使北方的农业生产逐步得到恢复和发展，这就为进一步统一全国奠定了基础。

活捉李璮，结束争夺

公元1262年，正当忽必烈与阿里不哥争夺汗位，杀得难解难分之时，忽报汉地变起，李璮在山东叛乱，尽杀蒙古戍卒，率5万余人自海上北归登岸，攻打益都、蒲台、淄州等地。忽必烈一听，即疾驰南返，他知道，李璮是汉地实力最强大的世侯，他这一反，比阿里不哥之乱还要危险，这是关系到整个汉地政局安危的头等大事。

忽必烈认为整治汉人还得听取汉人的意见，在回大都的路上，忽必烈与姚枢商讨如何对付李璮的谋反。姚枢认为李璮摇摆不定，不能获信；狂妄自大，不能恤人；奸邪狠毒，没有帮手；头脑简单，缺乏计谋。

对于李璮，忽必烈还是有所了解的，他以地处蒙宋之间的地理位置和自己的势力为借口，多次向忽必烈要钱粮、要兵权，忽必烈多次调他出征，他都不听调遣。他岁赋不输，私市军马，这些忽必烈都有所耳闻。但是，忽必烈那时认为，大定之初，恰是用人之时，因而也就睁一只眼闭一只眼，对他格外迁就，不但加封他为江淮大都督，尽专兵民之权，还把他的岳父王文统提拔为中书省平章政事，成为新朝廷的第一代宰相，甚至还劝说塔察儿王爷，把他的亲妹妹也嫁给了他。这些只是期望他能为朝廷出力，为汉人立个榜样，不想他却背叛自己。

李璮借保宋驱蒙为口号，企图拉拢那些汉人世侯一起起事，趁蒙古主力北征漠北，皇上亲征、内部空虚之时，能振臂一呼，群起响应。殊不知，辽金以来，以宋为正统的观念在北方淡漠已久，因此恢复宋室的号召很难有多少政治感召力。特别是忽必烈，禁止杀伐，减税赋，课农桑，已成万民拥戴之君。而大部分汉人世侯，他们不会跟着李璮去冒险，在这个时候他们都只是在观望，如果李璮真的有所作为，也许他们会出手。要是忽必烈发兵平叛，他们一定会向忽必烈示诚，派兵派将大邀其功。

姚枢认为李璮进攻元朝，有三条路线可以选择：上策是从水路进攻燕京，占据居庸关，切断元军南退后路，扼住元军的咽喉。元军便陷入阿里不哥和他的包围之中，进退不能。这势必引起人心惶惶，造成混乱。中策是不进攻元军，而是与宋朝联盟，固守自己的地盘，并多路出兵袭扰蒙古边地，使蒙古大军忙于奔救，疲于应付，尚能自保。下策是，他起事后，向北攻击，等待各地声援响应。李璮要进攻，必定要先拿下济南府，并在此等待各部声援。而济南坐落于盆地之中，属于弹丸之地，李璮有五六万人马，一旦被蒙古大军围困，便外无响应，内乏供应。姚枢认为李璮狂妄自大，好大喜功，再加上听不得别人的意见，属于那种野心大、本事小、目光短浅的人。所以，他必取下策。

忽必烈接受姚枢的建议遂命史天泽、合必赤、阿术各率所部进军山东讨伐李璮。果然不出姚枢所料，李璮既没有北上"濒海捣燕"，也没有"与宋联合"，而是选择了姚枢料定的"下策"，他趁蒙古大军未到，迅速从益都出兵，攻占了济南。占据济南后，南宋朝廷封他为齐郡王。

是年三月，阿术带领的蒙汉军队首先到达济南附近，李璮率军出城迎战，抢夺元军辎重。回城途中，他们遭到了蒙军截击，结果大败，被杀者4000余人，李璮只好退守济南城内。五月，蒙古十七路大军先后抵达济南，史天泽和哈必赤负责全权指挥，督战各路军马。

济南城外，看到尚未完工的济南城异常坚固，史天泽对哈必赤说道："李璮心多诡计，兵亦甚精，我们不能与之硬拼。我看济南四面环山，犹如一个羊圈，我们在城外挖沟筑城，团团围困，切断其与外界的一切联系，把他们全部圈在羊圈里。时间一长，他们必定供给耗尽，到时便可不攻自破，擒拿李璮便易如反掌了。"

哈必赤十分赞同此计，于是就下令士兵开河筑城，"开三河，筑三城"，将济南城围得铁桶一般。同时下令，各部不得攻击作战，只是严密防守，防止敌人突围逃窜。

李璮一看被团团围住，于是就屡屡出城挑战，但蒙古大军不与之接战，只是用弓箭远远地射击，用密集的炮火把他们压了回去。他们侥幸冲过箭网，却发现早被城墙圈起，如水桶一般，丝毫不能得手，无奈只好退缩城内，坐以待援。

再说南宋王朝看到李璮献城投降，便给银5万两犒劳李军，并遣提刑青阳梦炎（青阳系复姓）领兵增援。谁知青阳梦炎赶到山东，北进宋军随即遭到蒙古军和汉军合力堵击，被迫节节南退。进至滨州、沧州等地的宋军亦因势单力薄难以有所作为。这样，困守济南的李璮所部五六万人，完全陷入了坐以待毙的孤军境地。

蒙军围困济南城已经4个多月。此时的济南城内粮尽援绝。为稳定军心，李璮竟"取城中女子赏将士，以悦其心"。看到市民不愿意把仅有的一点粮食拿出来，他就下令把将士分到各户，每户养两三名军人。不久，全城粮食告罄，能吃的东西都吃掉了，最后竟然就着盐粒吃人肉。这些行为使李璮更加失去民心，将士也沮丧至极，李璮本人情绪低落到极点。

七月十三日，李璮勉强整军出战，希冀突围。但因缺粮乏力，被元军捕杀大部，只好仓皇退回城内。济南守军看到坚守是坐以待毙，于是就纷纷"缒城以出"，哗变出降者不计其数。

七月二十日，他便下令军队解散，各人各讨出路，各自求命去吧。他自己提着宝剑，手刃妻妾子女，自投大明湖，可是水浅不得死，为官军所获。

抓住李璮后，史天泽恐牵扯自己的隐私，遂命立刻把他杀死。回朝后则以"擅杀自劾"。忽必烈虽未加罪责，但李璮与汉地世侯们私下勾结，他心里显然是十分清楚的。现在汗位争端尚未完全解决，如果过分追究，可能会把他们逼到公开与朝廷对抗的局面，那样会对政权危害更大。因此，忽必烈把李璮的岳父——中书省平章政事王文统处死之后，很快停止了追究。在政治上，他继续优容各地世侯，同时也充分利用他们害怕朝廷深究的自危心理，裁削他们的权力。从史天泽自请解兵权始，元廷先后在北方汉地实施兵、民分治，罢世侯、置牧守、行迁转法，易置汉人将领部属、将不擅兵等制度，陆续把这些专制一方的军阀变成中央集权的专制君主统治下的文武官僚。从这个意义上说，李璮之乱失败，进一步促成了忽必烈政权对华北各地的控制，加强了中央集权。

这次平乱，从战法上也有可取之处，史天泽巧妙利用地形，围而不攻，使其亏粮自败，不仅有效地保存了自己，而且创新了战法，为军事家们所津津乐道。

李璮的反叛在忽必烈的统治中是一个转折点，因为它增加了忽必烈对汉人的猜疑。从这个时刻开始，他自然地对仅仅依赖他的汉人助手统治中国产生怀疑，作为替代他从非汉人幕僚中寻求协助。即使在他成为大汗和中国皇帝之前，忽必烈已经招募出身于不同种族的幕僚。但是，李璮的背叛

忽必烈像

引起更大的对依赖汉人的怀疑，忽必烈更强烈地意识到需要非汉人的幕僚和官吏。

汉人世侯在自己的势力范围内，力图保持中原地区原有的农业生产和生产关系。他们原有一批依附人口，这些人亦兵亦农。在形成势力范围后，他们又进一步把战乱中的流散人口召集起来，分给他们土地、耕牛、房屋和农具，恢复农业生产。他们修建谷仓，积累粮食，甚至用武力来保护收获。由于蒙古统治者需求量巨大，又没有一定的赋税制度，世侯擅自征收赋税，因而征求繁重。世侯又往往提倡且耕且战，兵士屯田耕种，农民要备御盗贼，一旦战事需要，世侯就响应蒙古统治者的征召，大批农民被他们送去出征。这些依附人口不能随意迁离，世侯甚至可以任意处置他们。很显然，在中原传统社会的发展过程中，世侯势力范围内的农民的身份地位不及以前了。

除了大量召集农民外，汉人世侯还受蒙古游牧贵族的影响，把战争中掳掠到的人口当作奴隶驱使。为了应付蒙古统治者的兵役和差役，世侯占有的驱奴往往多到几百甚至几千，平时这驱奴也从事农业生产。但是在传统生产关系的制约下，在役使一段时间后，一般会被遣放为良，转化为一般的依附人口。

有见识的世侯为了有效地统治自己的势力范围，为了保存中原文明的传统，纷纷开设幕府，把流落在各地的士大夫招揽到自己帐前。在金朝衰亡过程中，残留的士大夫大多陆续投身于世侯幕下，成为世侯幕僚。世侯依靠这些幕僚治理辖区内各种事务。他们聚集在一起，尊崇和扶持儒学，讲究经史，推行治道。在世侯幕府中的这些"秀民贤才"后来一个个效忠于忽必烈，为忽必烈建立元朝立下了重大功劳。他们所培养的新的儒士，许多人后来也成了元朝的重臣。

汉人世侯获得的特权地位，是汉地特定社会历史条件与蒙古早期专制制度相结合的产物，它的存在本身也是同中央集权的专制主义政治制度相对立的。

第六章
知人善任，奇才云集

　　从成吉思汗到忽必烈，他们始终懂得重用人才，秉着用人不疑疑人不用的原则，任用了一大批的各式人才，形成群星荟萃的局面，为元朝的建立和发展作出了重要的贡献。

一代名将，沉毅多智

木华黎（1170～1223年）蒙古名将，蒙古札剌亦儿部人。辅佐成吉思汗统一蒙古诸部，战功卓著，誉称"四杰"之一。幼由父送给铁木真为奴，故世代为孛儿只斤氏臣仆。以沉毅多智、雄勇善战著称。初随从击灭克烈、乃蛮诸部，统一蒙古，屡立战功，与博尔术最受器重，被铁木真誉为"犹车之有辕，身之有臂。"

木华黎原为成吉思汗的堂兄撒察别乞的门户奴隶，在撒察别乞被处死后归顺成吉思汗。公元1206年，木华黎与博尔术被成吉思汗首命为左、右万户。蒙金战争初期，在野狐岭、会河堡诸战中，率敢死士冲锋陷阵，以寡敌众，配合主力歼灭金军精锐，克宣德、德兴等地。

木华黎入山东，克益都、滨州、棣州诸城。旋抵霸州，收降史天倪、萧勃迭，并奏为万户。次年，回师北上，与成吉思汗会合进围中都，迫金帝请和。受命进军辽河流域，招降高州守将。后因叛将张致占据兴中，率军攻之，以调虎离山计设伏夹击，斩其士卒万余人。乘胜进军，俘杀张致，攻占锦州、复州等数十座城寨，控制辽东、辽西地区。

公元1217年，成吉思汗采用汉人的官号，封木华黎为太师、国王，命木华黎率领弘吉剌等部兵和契丹、汉等降军，攻掠金地。成吉思汗对木华黎说："太行以北，我自己去经略，太行以南，由你去尽力吧！"从此，成吉思汗即把蒙古兵主力转向西方，侵掠金朝的战争完全由木华黎指挥。公元1223年，木华黎死后，其职务由其子孛鲁继承。这个阶段蒙金战争的特点是：一是蒙古军开始注重利用汉族地主武装，如兴中土豪石天应和石抹也先分别招募的黑军，永清地主史天倪组织的清乐军；同时金朝也用爵位笼络许多各地土豪，因此，两军的战争往往是两方面地主武装之间的战争。二是蒙古方面除继续进行烧杀掳掠外，为了作长久打算，开始注意占领城邑、安抚百姓。三是双方的战争呈现拉锯的趋势。

木华黎受命专征金后，继续奉行成吉思汗的政策，笼络汉族地主武装，他手下的契丹、女真、汉族武装则成了攻金的重要武装力量。公元1217年，木华黎军攻山东、河北诸州，刘伯林、石抹也先等所部汉军随从，攻陷蠡州、益都、大名府、密州等城。易州人张柔把数千家宗族聚在一起，选壮士组织队伍，结寨自保，被金授以经略使职。公元1218年张柔兵败投降蒙古，木华黎仍任命他为旧职，统领本部兵马，于是他结集力量，攻下雄、易、安、保等州，屯兵于满城。当时，河北地区的地主武装中，以占据真定的武仙兵力最强。武仙归附金，屡次攻打张柔，张柔也攻入武仙控制的地区。公元1219年，先已降蒙的董俊攻下真定，武仙被逐走。

公元1220年，金封武仙为恒山公，并派兵援助武仙，武仙得到援兵后，打败董俊，重新占据真定。公元1218年，木华黎统兵攻入山西，史天祥、史天倪兄弟等各领所部汉军随行，攻下平阳、太原、绛州等八十余城。公元1219年，金派张开、郭文振收复太原，派胡天作收复平阳。次年，郭文振被金封为晋阳公，张开为上党公，胡天作为平阳公，让他们分疆守土，抗击蒙古军。

木华黎采纳金朝的制度，在云、燕建行省，发兵攻掠燕京以南的汉人地区。本华黎军经遂城至蠡州，金守将闭城坚守。木华黎派石抹也先率领原属张致的黑军攻破蠡州北城，大肆屠掠。十月，木华黎军进攻中山府、新乐县、赵州、威州、邢州、磁州、洺州，金各地官员相继投降。木华黎部下攸兴哥率领先锋军攻下大名府。十一月，木华黎军进入山东，连续攻破滨、棣、博、淄、沂等州。十二月，攻下益都。又攻下密州，金节度使战死。

木华黎统率的另一军同时向河东进军。十一月，曾到太原城下。知太原府事、权元帅左监军乌古论德升出兵拒战。蒙古军退走。公元1218年夏，蒙古兵在应州结集。枢密院奏报，蒙古将分道南下，其意不在河北，而在陕西、河东，木华黎各路蕃汉兵应教阅备战。金宣宗调平阳胥鼎移镇陕西。绛阳军节度使李革知平阳府事，代胥鼎为河东行省。八月间，木华黎率步兵骑兵数万人，由太和岭入河东，攻掠代、隰、吉、石等州。九月，围攻太原。

蒙古兵重重包围太原府城，并攻破了濠垣。元帅左监军乌古论德升据城坚守，将家中银币及马匹分赏给战士，并力死故。蒙古军攻破城西北角入城，乌古论德升又联车塞路拒战，三次打退蒙军。蒙军矢石如雨，金守兵不能立。城破，德升回府署，对姑母及妻子说："我守此数年，不幸力穷"。自缢而死。姑母及妻也都自杀。

木华黎留攸兴哥镇守太原。蒙古军继续攻掠汾州。汾阳军节度使兼经略使战死。十月，蒙古军攻掠绛、潞等州，向平阳进军。李革与权元帅左监军完颜从坦守平阳。太原失陷，从但上奏说："太原已破，就要危及平阳。河东郡县失守，都是由于驻屯兵少，援兵又不到的缘故。平阳是河东之根本，河南之藩篱。请并怀、孟、卫州之兵以实潞州，调泽州、沁水等地兵并山为营，以为声援。"蒙古兵迅速到达平阳城下，平阳被围，城中驻兵不满6000。金兵屡次出战拒敌，旬日之间，损伤过半。援兵不到。蒙古兵逼近城北濠垣，宋将力战被擒，坚持不屈，被害牺牲。副将李怀德缒城出降。平阳城被蒙古军攻破。官员们请李革上马突围，李革说："我不能保此城，何面目见皇帝，你们走吧！"李革和完颜从坦都自杀殉国。太原、平阳相继失守，河南的藩篱丢失了。

木华黎主力攻山西时，河北许多地方被几支地主武装夺据。公元1220年，木华黎决定重点攻掠河北，亲驻满城，遣史天祥攻真定。在史天祥劝说下，武仙投降，于是真定复归蒙古，蒙古军又相继攻下邢、相、卫、怀、孟等州。

红袄军在山东很活跃。公元1218年，红袄军领袖李全归附南宋，宋授予他京东路兵马副都总管的职务，遂用宋朝名义把义军召集起来，收复山东南部诸州。济南严实、益都张林都相继归宋，一时宋占有了山东全境。可南宋始终不完全信任李全，没有全力支持他，而山东各支武装

第六章 知人善任，奇才云集

忽必烈广场

力量名义上虽归附南宋，实际上则各自为政，为自己的利益打算，首鼠两端，在宋、金、蒙古之间游移不定。公元1220年秋，木华黎军入济南境，严实看见南宋日益衰弱，而蒙军却日益强大，于是献出所控制的大名、彰德、磁、洺、恩、博、滑、浚等州，木华黎承制授以山东西路行尚书省事，令其总管本部军民。严实的投降，使蒙古不战而胜，取得大片土地，大大加强了攻略山东的力量。严实协助蒙古军攻下曹、濮、单三州；公元1221年，入据东平，遂在此立行台。同年，红袄军部分等也都投靠了蒙古。

木华黎戎马一生，所经之战数不胜数。他有勇有谋，不惧强敌，在战场上能一马当先，以身作则。

公元1211年，木华黎跟金军战于野狐岭，面对金国40万大军，他激励将士说："彼众我寡，弗致死力战，未易破也。"言罢，身先士卒，举刀杀入金军阵中，众将士一拥而上，竭力死战，大破金军。

公元1214年，成吉思汗派木华黎专事讨伐辽西各郡。木华黎带兵长驱直入，攻下十多个城池，兵锋直指北京（今内蒙古宁城县大名城）。金军守将银青元帅率部20万和蒙古大军在花道（今内蒙古赤峰东北）不期而遇。木华黎积极迎敌，大破金军，金军伤亡8万多人。木华黎旋即包围北京，攻下该城，并留人守城。

北京是辽西重镇，金国以精锐之师镇守，却依然城陷兵亡，从此在北方的统治摇摇欲坠。

公元1216年，大将张致反叛。木华黎奉命率兵镇压。对双方军情进行深入分析之后，他认为张致军骁勇善战，并且占据有利地形，不能速战速决，于是采取了引蛇出洞、乘机阻击的策略。随后，他派人带兵前去攻打张致的溜石山堡据点，又命部将在永德县以西约10里的地方设下埋伏。

不久，张致收到溜石山堡遭到突袭的消息，果然发兵前去支援。蒙军探得消息，一边派骑兵截断了敌军的归路，一边急报木华黎。木华黎星夜领兵前往，与敌军遇个正着。这时，蒙古军队也及时赶到了。两人前后夹击，经过激战，大败张致军，斩杀许多敌军。而后木华黎乘胜追击，很快镇压了这次叛乱。

公元1217年，木华黎受命全权处理伐金事宜，至1223年病亡为止，几年的时间里，他差不多每天都在跟金军交战，并率兵占领了辽西、辽东、山东、河北等广大地区。

蒙古军队打仗，总是来也匆匆，去也匆匆。他们每攻下一座城池，就大肆屠城抢掠，非常残忍。蒙占大军所经过的地方，常常是满目疮痍，白骨成山。

从小没读过书、一直都在杀戮征伐中成长起来的木华黎原先也一直实行的是这种政策。后来，他因攻打辽西、占领北京（今内蒙古宁城县大名城）损兵折将而心生怒意，打算将投降的金兵全部处死，但被部下萧阿先及时制止了。萧阿先进言道："北京为辽西重镇，既降而坑之，后岂有降者乎？"

木华黎觉得他言之有理，于是取消了坑杀降兵的打算，并留兵守城。从此以后，他用招安政策取代了屠杀之举，此策有利于蒙古军队的壮大，也使许多平民免于被屠。

术华黎在讨伐金同的过程中，也十分注重招降、安抚金国守军，使得金国的实力被严重削弱，而蒙古大军的数量和实力则得到了增强。很多金国兵将听说只要向木华黎投降就可免于一死，纷纷弃城出降。因此，蒙古大军经常不费吹灰之力就占领金国的城池。

蒙古大将史天倪曾经对木华黎说："今中原已粗定，而所过犹纵抄掠。非王者吊民伐罪义也。且王为天下除暴，岂复效其所为！"

木华黎受到他的影响，于是开始大力整饬军纪，明令规定：蒙古士兵进城后若有抢掠者，按军法治罪，决不留情。他还下令将从前抓来的男女老幼通通释放回家。

而当时别的蒙古军队都还不曾做到这一点，连成吉思汗带领的军队也不例外，他们仍然沿途烧杀抢掠，导致生灵涂炭，百姓"望蒙古军色变"。而木华黎所带领的蒙古军因为军纪严明、仁义勇武，受到了沿途百姓和金国旧城民众的普遍拥护。

由于灭金之战未能速战速决，木华黎决意长期占领打下来的地区，以此为基础，慢慢灭掉金国。他的"仁厚不杀"之策，使得占领区政权得到巩固，金国沦陷区的人民很少造反。木华黎对蒙古汗国的建立、扩张甚至后来元朝的创立都居功至伟。

一代名相，历经三朝

耶律楚材（1190～1244年），契丹族，字晋卿，生于金朝中都燕京（今北京），为辽太祖耶律阿保机的九世孙。其父耶律履，本是金代的学者，因其品学兼优，曾仕金世宗，官至尚书右丞。耶律楚材三岁时，父亲去世，这对他的成长有很大影响，幸得其母杨氏良好的教育，加上他天资聪颖，自幼勤学苦读，博览群书，待至青年时期，就已在天文、地理、律历、术数等方面有很深造诣。他深谙儒学，修以佛道，精于医卜之说。他还多才多艺，善抚琴，好吟咏。由于很早就接受"汉化"，工于汉文，所以，用汉文写作挥洒自如，而且才思敏捷，下笔成文，出口成章，极其自然纯熟。

耶律楚材成长在乱世中。当时，整个中国正处在元朝大一统之前的列国纷争阶段，大金国最为强盛，占据中原，统治着北中国。但时过境迁，金朝的全盛时期已过，国势一年不如一年了。南宋王朝虽是偏于江左，但一刻也没忘记北上收复失地，不时地向北方挑战。立国甘宁陕的西夏，也对称霸中国怀有野心，乘机与南宋结交，在西北方向侵扰。真是诸强对峙，战事频生。此时，金国西北部的附庸蒙古族也乘机崛起，铁木真自被本部族推举为首领后，经过连年的征战，统一了蒙古。金章宗太和六年（公元1206年）成为全蒙古的"汗"（皇帝），尊称成吉思汗，是为元太祖。这个新起的蒙古，更是野心勃勃，在北方不断地向金国发动进攻。金国对其咄咄逼人之势难于应付。

就在这一年，耶律楚材17岁，他可以出仕了。按照当时全国的规矩，他这个宰相之子享有赐补省掾（协助政府部门长官掌管文书、处理日常事务）官职的特权。可是他本人希望参加正规的进士科考试。金章宗认为旧的制度虽然不可更改，但是考试更可以发现人才，于是敕令他应期当面考试。在应试的17人中，耶律楚材风骚独占，掾吏之职自然如探囊取物。从此，他便步入政界。此后，他还曾任职开州同知。

成吉思汗靠着他强大的军事实力，开始向四邻征讨。为了免于受到西夏的牵制，成吉思汗决定在攻金之前，先用兵西夏。公元1205～1209年间，成吉思汗对西夏攻伐三次，大大地削弱了西夏的力量，使之没有出外征战的能力了。接着，经过周密部署后，从公元1211年起，成吉思汗便大举进兵金国。已走下坡路却一意图谋压服南宋的金国，哪里是成吉思汗的对手，蒙军"所至都邑，皆一鼓而下"、"凡破九十余郡"，直到兵邻金国中都燕京城下。

金宣宗贞祐二年（1214年），金主完颜珣为了躲避蒙军南下的胁迫，一面委送其女入蒙，以和亲争得金国喘息的时间。同时，决定把首都南迁至汴（今河南开封）。耶律楚材的全家随之南下，只有他本人被任命为左右司马员外郎，职掌尚书六部日常奏章，辅佐金国右丞相留守在中都燕京，时年24岁。

公元1215年五月，围攻燕京年余的蒙军，一举攻克燕京，右丞相完颜承晖自尽殉国，耶律楚材眼看金朝的大势已去，于是在城陷之后，便"将功名之心束之高阁"，空怀经天纬地的才识绝迹于世，弃俗投佛，在万松老人门下钻研佛理，一去三年。艰难的进世，磨砺了耶律楚材，他等待着时局的发展，等待着实现壮志的机会。

公元1218年，机会终于来到。成吉思汗既定燕地，他逐渐感到人才的重要，这时他听说耶律楚材是位难得的人才，而且又是被金国所灭、与金国有仇的原辽国宗室后裔，便遣人求之，问询治国大计。耶律楚材虽然修身养性，过着隐居的生活，然而他时刻也没忘掉干戈扰攘、生灵涂炭的神州大地，极想依凭靠山，伸出双手去拯救水火中的苍生。得知有雄才大略的成吉思汗要召见他，感到是一个图谋进取的好机缘。他二话没说，即刻应召前往，以便使自己的盖世才华得以施展。

耶律楚材身材魁梧，髯长鬓美，极其勇武。回答成吉思汗的询问，更是声音洪亮而流畅。成吉思汗说道："辽金世仇，我要为你洗雪国仇家恨。"耶律楚材的回答十分得体："那是以前的事了。我的祖父已经入侍金朝，既然做了臣下，怎敢和君主为仇。"成吉思汗对他的回答非常满意，认为这个人重君臣之情，又遵守信义，是值得信任的。便把他留在身边，以备顾问。耶律楚材才学渊博，受到成吉思汗的宠信，并亲切地称他"长胡子"。耶律楚材此时想的是，历史上董仲舒辅佐汉武帝以"文治"，使得汉家气势恢宏。如今，他也找到了这样的机会。

公元1219年，蒙古军队在对自己的宗主国金国实施了一系列痛击之后，在军事上完全取得了主动，于是，除了仅用小股兵力继续对中原金地蚕食鲸吞外，集中精锐之师，进行了有名的西征，攻打花刺子模国。

成吉思汗对西方的征讨，早在1204年就开始了。那时主要是征服西辽国，公元1218年，成吉思汗最终灭掉西辽，使之领地尽归了蒙古。在征西过程中，中亚大国花刺子模，曾与西辽结过盟，使蒙古与花刺子模两国结下冤恨。近来，花刺子模国王摩诃未又背信弃义，杀死了蒙古派出的使者和骆驼商队，两国又生新恨，这旧恨新仇加在一起，使成吉思汗发誓，非灭掉花刺子模国不可。

在西征开始的前一年春天，成吉思汗专程派人到燕京，召请耶律楚材随军西征。耶律楚材十分激动，认为这是对自己的一个锻炼机会。因此，他即刻收拾好琴剑书籍，慨然上路。从燕京到成吉思汗的军营，相距甚远，且路势险要。但所有这些，都未能阻止耶律楚材决心报答亲顾之恩、践平生壮志的宏心伟愿。他出居庸关，过雁北，穿阴山，越沙漠，经过一百余天的长途跋涉，最终如期到达了目的地。

成吉思汗西征出师的这一天，虽时值夏六月，却忽然狂风骤起，阴云密布，转瞬间大雪飘飘。成吉思汗有些疑惧，不知此为何兆。于是立即把耶律楚材召至帐前，卜问吉凶。耶律楚材绝非是庸俗的阴阳先生，他具有相当高的科学水平，他了解日月星辰运行规律，可以测知月蚀之期，可以修订历法。此刻，他没有简单地按大自然的规律去解释天象，而是以一位精明的政治策略家的思维，把对这种天象的解释添加上政治内容。他巧妙地利用包括成吉思汗在内的蒙古将士对天文、星象知识了解得很肤浅，又非常迷信的心理，以及蒙古军人对花剌子模国的行为义愤填膺、誓死雪耻的决心，毅然断言："隆冬肃杀之气见于盛夏，这正是我主奉天申讨，克敌制胜的好兆头。"成吉思汗希望的就是这种吉相。于是发十万大军，离开也儿的失河（今额尔齐斯河），奔西南越过天山，向花剌子模国杀去。公元1222年，蒙古军占领了整个花剌子模和中亚。可谓兵锋西指，所向无敌。

此次西征大胜，成吉思汗认为与耶律楚材的卜吉有关。从此，凡他出战，总是必须有耶律楚材随侍身旁，预测吉凶成败，参赞军政大事。耶律楚材也正是利用这种机会，运用自己的文韬武略，发表自己的真知灼见。

成吉思汗这个十分骁勇的"一代天骄"面对西征的赫赫战果，自然是崇武轻文。耶律楚材也明白这一点，意欲以文治国，那就应该不失时机地利用每一个的机会，向君主灌输文治天下，绝不可轻视文士作用的道理。西夏武将因善造弓弩而受成吉思汗的重用，这更增添了这位武夫的自恃。他不把文臣放在眼里，常常当着耶律楚材的面嘲讽说："国家正是用武之际，像你这样的儒者，到底有什么用处？"耶律楚材当仁不让，针锋直指地回敬他："制弓须用弓匠，制天下者难道不用制天下匠？"这机智的词锋，巧妙的辩难，引起了成吉思汗内心的深思，是啊，光靠武士虽然可以夺得天下，然而"制天下"时还真得"制天下匠"不可。成吉思汗内心折服。此后，他便常对其子窝阔台说："此人（指楚材）是天赐我家，以后军国庶政，当悉委他处置。"

在进军花剌子模国过程中，耶律楚材曾力主并负责在塔剌思城（在西辽都城虎思窝鲁朵西）屯田。这个地方是中西交通的要道，且土地肥饶，经济昌盛。这一恢复发展后方的社会经济之举，对于只知道打仗、掠夺财富的蒙古军事贵族来说，从军事活动转变到恢复发展社会经济，意义重大。蒙古军也正是以此为基础继续西进的。

公元1223年夏天，成吉思汗回师驻军铁门关。据说当地人送来一只怪兽，独角，身形似鹿，尾巴同马，身深绿色，嘶鸣声咿唔又似人言。成吉思汗感到惊奇，询问耶律楚材。耶律楚材便从此次西征军事、政治目的均已达到，应尽快结束战事的大前提出发，依据古书上的介绍，借题发挥说："这种兽名叫角端，它的出现表示吉祥。它能作人言，厌恶生杀害命。刚才的叫意是大汗你应该早点回国了。皇帝是上天的长子，天下的老百姓都是皇帝的儿子，愿大汗秉承上天的旨意，保全天下老百姓。"成吉思汗听罢，立刻决定结束此次西征，班师回国。

公元1224年，成吉思汗仍取道原来的路线返回。在成吉思汗西征之前，曾向西夏征发军队帮助西征，西夏拒不出兵，成吉思汗当时无暇征伐西夏，发誓日后一定要给予惩戒。当西征归途中，又获悉西夏与金国缔结和约，无疑等于火上浇油，成吉思汗立即决定征讨西夏。1226年秋，成吉思汗开始了对西夏的征讨。蒙古军很快就攻克了甘州（张掖）、凉州（武威）、肃州（酒泉），当年冬天，攻克灵州（今宁夏灵武县）。灵州之战，西夏主力消耗殆尽，城陷后，西夏的首都中兴府已成了空架子。公元1227年6月，夏主请降，西夏至此灭亡。在攻打灵州这个西夏的军事重镇时，破城之后，蒙军众将士，无不抢掠女子、财物，独有耶律楚材却取书数部，大黄药材数担。同僚们对他的行为非常不解。不久，兵士们因历夏经冬，风餐露宿，多得疫病，幸得耶律楚材用大黄配制的药材救命，所活至万人。这件事再一次证明耶律楚材慧眼独具，见识广远。

耶律楚材随成吉思汗9年，其间战争时间达7年之久。戎马倥偬，驰骋异域的环境，使得耶律楚材难以展尽自己的全部才华，英雄无用武之地的冷落感，萌生在他的思想深处。然而，他坚信，实现美好的愿望，以儒术佐政兴国的一天，终会来到的。

公元1227年，耶律楚材终于回到了燕京。在此前，蒙古国军事帝国致力于西线战事，对那些业已归顺蒙古的州郡缺乏完善的社会组织和法律制度，所以，派往各州郡的长官，常常是任意掠夺，兼并土地，有的竟随意杀人。其中，燕京留守长官尤为贪暴，所杀示众之人头，挂满了市场。面对如此混乱的国情，耶律楚材非常焦急。他从巩固蒙古国长期统治的大计着手，立即奏请成吉思汗下诏颁律，控制社会的混乱局面。禁令颁出，即：各州郡如果没有奉到盖有皇帝玉玺的文书，不得随便向人民征取财物；死罪必须上呈国家批准。凡违背此项命令的，其罪当死，决不轻饶。由于此法得体，切中时弊，且惩治条文分明，使贪婪暴虐之风有所收敛，社会秩序初步稳定下来。

这一年，成吉思汗病逝。按照蒙古的惯例，成吉思汗的四子拖雷获得其父的直接领地，即斡难河及怯绿连河流域一带蒙古本部地方，并且代理国政，是为元睿宗。

在拖雷监国期间，燕京城中社会秩序一度动荡，有一大批凶恶的强徒，恃强暴夺，每天傍晚，尚未天黑，这些盗贼竟拉上牛车径往富户人家，去掠取财物。若尽其恶求，便掠财就走，如若稍有不从，就会惨遭杀戮，闹得人心惶惶，国无宁日。拖雷对此有所闻，认为只有耶律楚材可以处理好这件事。于是，特遣耶律楚材和中使塔察儿前往治理。耶律楚材清楚，这些杀人越货之徒，如此猖狂，谁也不敢阻拦追究，是大有来头的，因而处理起来会有很多麻烦。但他仍毅然前去查办。耶律楚材经过仔细查询，很快便弄清了这些强徒都是燕京留后的亲属及一些豪强子弟。耶律楚材在掌握大量的证据基础上，斩钉截铁地将触禁者一一缉拿归案，然后拟出法办意见。此刻，这些恶徒的亲族都傻了眼，他们清楚耶律楚材执法不避权贵，又不屑钱财，要想减免刑罚，只有把希望寄托在暗中贿赂中使塔察儿上，以从轻发落。很快，耶律楚材便得知这一情况，他找到塔察儿，与之晓以大义，指陈利害。他指出此事并非个人恩怨，而是关系到社会的安定，国家的前途，若出以私心，处理得不妥，与君主与平民都无法交代。塔察儿听罢惊惧，深知有错，并情愿悉听楚材发落。耶律楚材见他知错能改，便继续同他一起对罪犯逐一审查，依法各有处置。其中16个罪恶昭彰、民愤最大的首犯，绑赴刑场，枭首于市。从此，巨盗绝迹，燕京秩序得以控制。

这两件事，在一定程度上，表现了耶律楚材治国的才干，因而在高层统治集团中，更加增强了对他的信任。

公元1229年，拖雷已监国两年，依照成吉思汗的遗命，帝位应传太祖三子窝阔台，但此时没有任何迹象表明拖雷将移权。作为一个有智谋的辅弼，耶律楚材清醒地认识到，汗位虚悬或错置，与国与民都不利。在最高权柄面前，古往今来，骨肉之间箕豆相煎之事并非罕见。除拖雷外，窝阔台还有个兄长察合台。此人向来性情缜密，为众人畏惧，也是汗位的有力竞争者。假若三人真的计较起来，彼此不让，结党营私，难道不会断送了国运？所以，耶律楚材与窝阔台面议，商议尽快召开"忽里勒台会"，决议汗位。窝阔台嗣位，早经成吉思汗亲口布告，为什么还要召开大会，经过公认呢？这是因为，成吉思汗曾有一条制立的法制：凡蒙古大汗，如当新旧交续之时，必须经王族诸将，及所属各部酋长，召开公会，议定之后，方可继登汗位。

这一年秋天，成吉思汗本支亲王、亲族聚集克鲁伦河畔议定汗位的承继人。会议开了40天，仍是议而未决。耶律楚材认为此事不可久拖了，便亲身力谏拖雷："推举大汗，这是宗庙社稷的大计，应该早日确定。"拖雷仍说："意见不统一，是否再等几天。"耶律楚材听罢，十分坚定地说："此期不可变，一过此日，再也没有吉祥的日子了。"拖雷不好再拖下去，这样，窝阔台就即了汗位。蒙古进入了窝阔台时代。

登基朝仪，是耶律楚材精心拟制的。在此之前，蒙古族部落乃至蒙古国是没有朝拜仪式的。旧制简单，不足以表示尊贵。为了确保朝仪的顺利进行，事先，耶律楚材选中了察合台亲王，作为带头执行者。楚材对他说："王虽是皇帝的哥哥，但也是个臣子，理应对皇帝以礼下拜。若你下拜，做了一个臣子应该做的事，那么就没有人会有异议了。"察合台觉得此话有理，在正式的登基大典上，便率领众皇族和臣僚跪拜廷下。这样，耶律楚材一举除掉了蒙古国众首领不相统属的陋习，制定了尊卑礼节，严肃了皇帝的威仪。盛典进行得非常顺利。会后，察合台颇有感触，对耶律楚材称赞说："你真是国家的贤臣呵！"

对于这些粗犷成性、散漫惯了的蒙古君臣，尽管有了讲究礼仪的好开端，但在日常的执行过程中，有许多人仍难以适应，就连朝会有些人也误期甚至乱来。为此，窝阔台打算惩治那些违制的臣子。耶律楚材认为时机尚未成熟，过于严厉，贸然从事，会引起动乱。他巧妙地进奏说："陛下刚刚即位，宜暂示宽宥。"窝阔台采纳了他的意见，从轻发落了违者，果然效果很好。这样恩威并用，反复整顿，是耶律楚材维护并逐渐健全朝廷礼制颇为英明的做法。

窝阔台即位以后，其管理的领域，多数是已经进入文明程度较高的北中国，所以，使这位少主在治理国家上显得力不从心，加上应兴应革的事太多，真是一时摸不到头脑。此时，全靠耶律楚材竭尽全力，定国策，立制度，出台了一系列当务之急的法令，加速了这一民族的汉化进程。

元朝古墓

在颁发法令之前，首先规定了既往不咎的政策。对那些因法律不明，而误触禁网，按当时的老规矩必杀无疑的百姓们，不追究颁发政策前的法律责任，或给予从轻处置。这是抑制蒙古一向滥杀无辜，因获某种罪过而死者不计其数的行之有效的办法。同阁的一些臣僚嘲讽他，说此举实过迂腐。耶律楚材不为所动，力排众议，反复而耐心地把得民心者得天下的道理讲给窝阔台听，终得圣准。此项政策的实施，安定了人心。

接着，耶律楚材便制定颁发了十八项法令，成为官民遵守执行的准绳。包括官吏设置、军民分治、赋役征收、财政管理、刑法执行等。这些来自中原的先进制度，列为蒙古国策的法令，可以说是历史性的决策，为后来正式确立的元代政治制度奠定了基础。这样，不仅遏制了军官的骄横不法，同时也打击了分裂割据的势力，保证了国家政治上的巩固和统一。此项法令，一直作为元朝的一项基本国策沿袭。

第六章　知人善任，奇才云集

蒙古贵族崇尚武力，根本没有税制观念，他们看不到这样下去会兵强而国蹙。以近臣别迭为代表的人主张，以牧业为主来保证国用，认为"汉人无补于国，可悉空其人以为牧地。"耶律楚材极力反对这种将燕京农业地区变成牧场的倒退逆施。他深知如今的蒙古国已是一个多民族的国家，应行汉法，大力发展农业，如果保守地强调畜牧，是狭隘的，不合国情的落后政策。他干脆地给窝阔台算了一笔帐："陛下马上要南征金国，军需从哪里而来？仅靠畜牧是远远不够的。假使发展燕赵的生产，以地税、商税，及盐、酒、冶铁税，外加山泽之利，可以获利五十万两银，八万匹帛，四十万石粮食，供给南征绰绰有余。这不远胜于变成为牧场吗？"窝阔台经过认真思考，认为不无道理，便命耶律楚材全权筹划，立行征税制度。耶律楚材领旨后，即刻在河北一带建立十路征收税使，遴选汉或女真中德才兼备的士人充任。公元1231年秋天，窝阔台在云中行宫中，面对十路课税使陈列在朝廷之上的金、银、帛、粟等税物，十分高兴，这时他才真正懂得了耶律楚材力求行汉法的好处。他激动地对耶律楚材说："你虽然没离开我左右，却能使国用充足。南国的臣僚中，有谁能比得上你吗？"耶律楚材谦虚地回答说："南国的臣僚比我强的人很多。"窝阔台嘉其功劳，赐以美酒。当即下令任命他为中书令（宰相），把典颁、庶务的大权委托给他，且吩咐朝臣，政事不分大小，都要禀报他。他自己也是有事必与耶律楚材商榷，以进一步权衡得失。

随着法制的健全和实施，国家日益兴旺发达起来。但那些自身权益受到侵害的豪强贵族们，到处散布谗言诽谤耶律楚材。有人说："耶律楚材中书令援用亲旧，必有二心，应奏知大汗，斩杀此人。"耶律楚材听了并不与之斤斤计较，他坚信自己的言行是出以公心的。好在窝阔台自有明察，深责其诬。对于谣言传播最恶毒者原燕蓟留后长官石抹咸得卜，太宗命楚材鞫审之。耶律楚材以国事为重，不把个人的恩怨放在心上，宽宏大度地奏请太宗日后再行处置。这种高尚的品德很受太宗的赞赏，私下对侍臣说："楚材不记私仇，真是宽厚的长者。你们应当效法他的为人。"正是耶律楚材精忠为国，处处从大局出发，时时以社稷为重，殚思竭虑，而且长于韬略，才使得蒙古帝国迅速强大起来，政权也得以日益稳固。

公元1231年，蒙古国经过休养生息，国力日渐强盛，所以，窝阔台又把南征灭金的行动提上了议事日程。其实，南征这一思想，早在成吉思汗时就已确立。蒙古灭掉西夏，就是为了吞并金朝扫清外围。西夏已亡，既解除了蒙古的西顾之忧，又使金朝丧失了掎角之助。窝阔台认为时机业已成熟，便大举南进。

耶律楚材了解蒙军以往作战的陋习，凡攻城邑，拒守者城陷之时，不分军民，掠杀殆尽。随着南征日期的临迈他深感不安，认为滥杀无辜，不但使黎民百姓罹难，而且只能促其军队拒降。临战前，他进谏窝阔台，为确保人民的生命安全，将河南一带的当地民众迁往山后，采金植田，让其远离战火。紧接着，又诏令金国逃难之民，降者免死。有人曾认为降者是危急则降，缓和便逃，还能补充敌人的兵源，实难赦免。

耶律楚材以为不然。此举，不仅救活了无数的百姓，更重要的是消除了中原人民对蒙军的畏惧和敌视心理，为其顺利进军扫清了障碍。

窝阔台渡过黄河，占据郑州，遣将军速不台围攻汴京。金军用"震天雷"、"飞火枪"守御。"震天雷"是以铁罐盛满炸药，点火引爆，可穿透铁甲；"飞火枪"系以铁管注入火药，能烧伤十余步之敌。汴京攻守战历时16昼夜，城内外死伤多达百万人。蒙军无速胜之法，金军无久守之志，双方于当年四月罢战议和。蒙军北退至河、洛，徐图破城之策。

公元1232年十二月，蒙军思得良谋，遂派遣使臣赴南宋商议夹击金国。当时，南宋虽然朝有忠直之臣，野有效死之士，但最高决策者畏敌厌兵，执行着北宋以来"内紧外松"的旧章法，致使朝政极度腐败，国势日渐衰颓，上下难为一体，竟如一盘散沙。蒙古对南宋政局的昏暗、衰败心明如镜，早已有蓄谋。只是出于灭金需要，暂行笼络利用。南宋却对蒙古估计不足，况且也无应对时局的良策，只是面对残局，胡乱应酬。当久专朝政的南宋丞相史弥远之侄史嵩之披露蒙军遣使消息时，朝廷多以为不可借机报复金国宿仇。头脑清醒的大臣如赵范等人却不无忧虑，说："宣和年间，宋金海上订盟，其约甚坚，终究取祸，不可不鉴。"

所谓"宣和之盟"，是指北宋徽宗宣和二年（1120年），宋命大臣赵良嗣北行，约会金国，夹攻辽国，口头约定功成之后，宋朝收复燕蓟失地。结果，五年之后辽亡；当年十月，金军背盟，南下侵宋，徽宗诚惶诚恐退位，其子钦宗即位；越一年，金人虏走徽、钦二帝，北宋灭亡。

这可谓宋朝历史上的奇耻大辱。

时过仅百余年，应是殷鉴不远。连金哀宗完颜守绪也已洞察出蒙古野心，说："蒙古灭国四十，遂及四夏；夏亡遂及于我；我亡，必及于宋。唇亡齿寒，自然之理。"可是，南宋君臣多已忘记前车之鉴，再次重蹈覆辙。当年十二月，宋理宗遣人报使订盟。蒙古许成功之后，可将黄河以南土地归宋。

蒙古得到南宋应援，当即再遣大将速不台围攻汴京。

公元1233年正月，金国将领发动汴京政变。这又是来自敌人营垒内部的响应，城陷指日可待。值此时节，速不台奏请窝阔台："金人抗拒持久，我军将士多有伤亡，待城陷之日，宜尽行屠戮。"耶律楚材听到屠城计划，急忙驰骑赶来入奏："将士暴露于野数十年，所欲得者无非是土地、人民。得地而无民，又有何用！"这已点到关键之处，可窝阔台仍然犹疑不决。谋臣的智慧是多方面的，楚材见以公论尚不足使窝阔台速下决断，便施了个假私济公的手段，巧借私欲来打动大汗，说："奇巧工匠、厚藏人家皆会萃于此地。一旦斩尽杀绝，大汗将一无所获。"窝阔台听了这一席话，被打动了，立刻准其所奏，下令只把金国皇族完颜氏杀掉，其余一律赦免。自此以后援为定例，遂废屠城之法。

四月，蒙军入汴京。当时为躲避战乱留居汴京者凡一百四十七万人，皆得保全性命。

六月，蒙军攻取洛阳，金哀宗完颜守绪走归蔡州（今河南省汝南）。

公元1234年正月，金哀宗传位于宗室完颜承麟，是为金末帝。登基典礼刚刚完结，蒙、宋合兵攻入蔡州，完颜守绪自尽，完颜承麟为乱兵所杀，金国遂告灭亡。

河南初平，蒙军俘获非常多。还师之日，逃亡之人十有七八。窝阔台汗立下禁令：凡逃亡之民以及收留资助者，灭其全家，乡社连坐。于是，逃者不敢求舍，沿途不敢留宿，以致饿殍遍野。耶律楚材念及民情，又从容进谏："河南既平，民皆大汗赤子，又能逃到哪里？为什么因一俘因，连坐而死数十百人？"窝阔台幡然悔悟，遂撤销此禁令。

金亡之后，西部秦、巩等二十余州久未能克。耶律楚材献计说："往年蒙军获罪，多有逃往此地者。因恐新旧二罪并罚，故以死拒战。倘若许以不杀，将会不攻自灭。"窝阔台下诏赦免逃亡旧罪，又宣布废弃杀降之法，诸城接连请降。这可谓善战者以攻心为上。

耶律楚材经常重复他的一句名言："兴一利不如除一害，生一事不如省一事。"他也是遵照这一原则从政的。

自窝阔台汗二年初定征税之制，至窝阔台汗六年灭金，四年之间，税收逐年增加。及公元1238年，每年课银多达110万两。

公元1239年，译史安天合为诏媚右丞相、回鹘人镇海，引荐回鹘商人奥都剌合蛮"扑买"天下课税，数额增至220万两。窝阔台终于利欲熏心，将一国课税，转手出卖给臣商。为此，耶律楚材再次极言分谏，以至声泪俱下，辞色其厉。窝阔台难以忍受楚材的激烈言辞，竟扼腕攘臂，气极败坏地说："你难道要搏斗不成。"楚材见大汗失态，才不便强争。稍停之后，窝阔台语带讥讽地说："你要为百姓一哭，我却要试行此法。"楚材已知无能为力，喟然长叹说："民之困穷，将自此始！"深如楚材所料，把国家财政命脉恭手交给回鹘商人，他们必将以成倍的数额压榨百姓，百姓怎能不陷入穷困境地。

公元1234年，正月蒙古灭金之后，长城内外结束了三权鼎立局面，形成了大江南北的蒙、宋对峙，势态更见明朗，而斗争日趋激烈。在这个政治棋盘上，谁主浮沉，要看双方执政者的眼光和韬略。

同年六月，宋将赵范、赵葵建议收复三京（东京汴京、西京洛阳、南京商丘），倚黄河天险和各处关隘抵御蒙军。因有右丞相郑清之附议，是月宋兵入汴京；七月，入洛阳。

赵、郑诸人意在收复国土，其志可嘉，可惜不得其时。一则蒙、宋军力、财力过于悬殊，二则南京君臣无心作战。当时，参议官邱岳就曾劝阻赵范，说："方兴之敌，新盟而退，正值气盛锋锐，岁肯捐弃所得以予他人！我师若往，彼必突至，非但进退失据，开衅致兵必自此始。况且千里长驱以争空城，既得之后当勤馈饷，否则，后患无穷。"乔行简等大臣也担忧"机会"不合，岁饥民穷，国力不堪，外患未必除，内忧或从起。

这些朝议虽表现出南宋君臣向来存在的畏敌心理，却也反映了一定的客观事实。南宋到了这般地步，已是进退两难，和战无门。即使有一二个出类拔萃的栋梁之材，值此大厦将倾的时刻，也无回天之力。如无十数年甚至几十年恢复、振兴，是无济于事的。

果然不出邱、乔等人所料，蒙古得知汴京、洛阳军报，立即为其蓄谋已久的对宋战争找到借口，旋命塔思率军南下。同年八月，宋军终因粮草不济，兵溃两京，所复州郡皆为空城，再次落入蒙军中。

公元1235年，南宋派遣程芾交通蒙古，欲约和好。但是，战场上失去的东西，绝难在谈判桌上找回来。蒙古正在利用时机，加紧制订灭亡南宋的计划。

蒙古君臣朝议征服四方之策，有人担心：遣西域回回等族征江南，遣汉人征西域，利用民族间的矛盾心理，使之两相屠杀，交互制御。耶律楚材权衡利弊，提出自己的见解："中原、西域相去辽远，未至敌境，人马疲乏；兼之水土失宜，将生疾疫。宜各从其便。"结果又从楚材之议，遣阔端、曲出等攻南宋；命拔都、速不台、蒙哥等征西域；命唐古鲁火赤伐高丽。

蒙古以其巨大的兵力和高昂的士气，征伐孱弱、松散的周边诸国，犹如摧枯拉朽。几十年间，南宋便倾败于蒙军铁骑之下。

公元1241年，在蒙军南进节节胜利的时刻，蒙古历史上的一代杰出帝王窝阔台突然卧病不起。

皇后精神恍惚，召问耶律楚材。楚材趁此机会，再次借天命以尽人事，抒发自己的政见，力促说："如今任使非人，卖官鬻狱，囚系非辜者多。古人一言而善，荧惑退舍。请赦天下囚徒。"皇后一心要救治窝阔台，来不及再说什么。楚材却怕窝阔台日后后悔，又说："非君命不可。"一会儿，窝阔台稍稍苏醒，楚材同皇后一起入奏，请求赦免无辜罪人。事关为己祈福，窝阔台当即准奏。其时，他已口不能言，只得连连点头，表示首肯。楚材得时不怠，连夜去宣读赦书。

不久，窝阔台渐渐痊愈。这年冬天十一月四日，性喜田猎的窝阔台又要骑马负弓，驾鹰牵犬，出郊竞射，耶律楚材念及大汗年事已高，身体尚未恢复，更担心游猎无度会妨害政事，便借演论术多次极言谏阻。左右侍臣却怂恿说："不骑射，无以为乐。"终于窝阔台连续疯狂驰骋五日，死于外地行宫。

当初，窝阔台留有遗诏，待他过世之后，以其孙失烈门（养子曲出之子）为嗣。如今窝阔台一死，第六后乃马真氏立召耶律楚材，征询汗位承继之事。楚材知有先帝遗命，说："此非外姓之臣所应过问，自有先帝遗诏，望能遵嘱而行。"乃马真氏不从，竟然自己临朝称制。耶律楚材一时难以阻止。只得徐图良策。

乃马真后崇信奸邪，作威作福。回鹘巨商奥都剌合蛮用重贿买通乃马真后，得以专政用事，权倾朝野，廷臣畏惮此人，或缄默不语，或附炎趋势。

耶律楚材早在奥都剌合蛮承包课税时，就已预见到奸商干政的祸害，并曾拼死力阻。如今看到苦果酿成，五内俱焚，只好舍命面折廷争，言人所难言。善心的人亲见此状，均为他提心吊胆。可他只为国运着想，其他的皆置之度外。

公元1243年，又有所谓"天变告警"出现了"荧惑犯病"的星宿运行现象。时当忌辰，耶律楚材先行稳定众心，免致扰攘。不久，朝廷有兵事。因变起仓猝，乃马真后下令分授兵甲，挑选心腹，甚至要西迁而避祸乱。楚材进谏："朝廷为天下根本，根本摇，天下将乱。臣观天道，必无大患。"有了这个定心丸，数日之后，上下安然如旧。

之后，朝政紊乱，国事日非。乃马真后竟将国家御宝大印交予奥都剌合蛮，并给他朝廷空白信笺，使他随意填写，擅发政令。耶律楚材反抗说："天下本是先帝的天下，朝廷自有宪章，今欲紊乱制度，臣不敢奉诏。"经他强争，此事遂告中止。

不久，乃马真后降旨："凡奥都剌合蛮所建白，令使倘若不书，斩断其手。"耶律楚材又站出来，凛然谏诤说："国家典故，先帝悉委老臣，令使又有何责。事若合理，自当奉行；如不可行，死且不避，何况断手！"乃马真后不高兴，楚材辩论不已，竟大声陈词："老臣三十余年，无负于国，皇后怎么能无罪杀臣？"乃马真后虽然怀恨在心，却因他是先朝勋旧，孚望朝野，不能不敬畏三分。

作为一个忠正老臣，久见朝纲难申，未免忧思伤神。耶律楚材终于忧愤成疾，于公元1244年抱恨长逝。

治理国家，重用汉人

忽必烈从小就接受了汉文化的熏陶，受到汉人的影响。"思大有

为于天下！"他从青年时代起就结识了一些中原文士，对中原的情况十分熟悉，而且结识的这些儒士也对他以后的治国安邦起了极为重要的作用。

汉人刘秉忠对他影响最大，刘秉忠，字仲晦，曾任金国小吏，后弃职出家，与云海禅师一起入漠北讲道，被忽必烈留在身边，商议军国大事。刘秉忠博学多能，善于出谋划策，深受忽必烈重视。

忽必烈因刘秉忠的关系对汉族文化产生兴趣，之后招来越来越多的读书人到王府。西京怀仁赵璧与刘秉忠同年入幕。忽必烈称他"秀才"，让自己的妻子亲自为他做衣服以示宠爱。忽必烈还让他学习蒙古语，翻译《大学衍义》（南宋理学家真德秀作品，发挥《大学》思想，告诉古代皇帝如何治理国家），好为忽必烈讲说，马上帐中，常年不辍。赵璧又推荐了金朝状元王鹗。忽必烈通过召见或者他人推荐，将许多儒生招致麾下。连隐居山林的大儒姚枢也被招来为忽必烈讲帝王之道，忽必烈的儿子真金甚至作为学生从姚枢授教。

姚枢，字公茂，柳城人，后迁至洛阳。少年时曾与杨惟中拜见过窝阔台。蒙古军南伐宋朝，诏令姚枢跟随惟中往军中寻求道、儒、医、释等。蒙军破枣阳，主将准备屠杀该城居民，被姚枢极力劝阻，说这样做并不符合旨意，以后如何向皇帝交代。攻下德安后找到名儒赵复，得到了朱熹、程颐的著作。公元1241年，任命姚枢为燕京行台郎中，并赐予金符。不久因拒绝收受贿赂，辞官不做，携家迁居辉州，在那里建立家庙，专门布置了一室，供奉孔子及宋儒周敦颐等，刊印经书，打算就这样每日读书抚琴，在此终老一生。魏县的许衡也跑到姚枢家中来抄录程、朱所注的经书。

忽必烈在即位前，派赵璧把姚枢召至王府，以上宾之礼对待他，向他询问治国之道。姚枢上书千言，首先列了八条二帝三王治国平天下之道：力学、修身、亲亲、尊贤、畏天、好善、爱民、远佞。其次是拯救时弊三十条，大意是：设立中书省和各部，统一政令，纲举纪张；裁汰平庸之辈，选贤举能；颁赐俸禄，堵塞贪赃；审理刑狱，制定法律，把生杀之权收归朝廷，使冤者能够昭雪；设置监察机关，官吏能者升，庸者降；停止征敛，对部族不许勒索诛求；对驿传进行精简，减轻州郡负担；修建学校，表彰节孝，提倡经书，以培养人才，淳化风俗；严肃军政纪律，不准扰民；发展农业，轻徭薄赋，禁止游手好闲；屯田戍边，巩固国防；周济贫困者，抚恤孤寡；开通内河漕运，使京都仓廪充足；禁止高利贷，让借贷的家庭不至于破产；设立常平仓，以储粮备荒；建立度量衡制度，使奸商无法欺诈；为了减少不应有的诉讼，杜绝诬告；等等。忽必烈认为姚枢才华出众，有事就询问他。

当初蒙哥即位，令忽必烈总揽赤老温山以南的军政大权。除了姚枢外，群臣都来称贺。忽必烈问他是什么原因。姚枢回答说："如今天下土地之广，人民之众，财赋之多超过了汉人所占有的区域吗？若军民全部归属殿下管辖，还要天子做什么用？日后若有廷臣从中挑拨，皇帝听信，必定会把你现在的权力夺去。倒不如现只握兵权，由有关行政机关供给所需财物，这样就会安然无事。"忽必烈听从他的建议，并得到蒙哥的批准。姚枢又建议在汴京设置屯田经略司，为以后攻宋做好准备，在卫辉设都转运司，以便把粮食转运到河南。蒙哥大封宗室领地，忽必烈听从姚枢的意见，把其封地选在关中。

公元1252年夏，姚枢随忽必烈征大理，途中引用宋太祖遣曹彬取南唐没有杀一人的事例，劝忽必烈不要过多杀人，被全部采纳。翌年蒙军攻陷大理城，在旗上大书止杀令，传于军中，因此当地人民得以保全性命。

当然，忽必烈重用汉人、在汉地推行汉法的成功，使他在汉地中的声望迅速提高，也引起了蒙古贵族和朝中大臣等守旧势力的不满，蒙哥便以忽必烈患有脚病需要回家休息为由，解除了他的兵权。在汉儒们的策划下，他不但躲过了这场考验，反而有了指挥东路灭宋的指挥权。

公元1259年，蒙哥大汗逝世的消息传来。忽必烈在汉人的帮助下，公元1260年先发制人，在开平称汗，并且凭借着近十年经营漠南汉地所积聚的经济和政治实力，一举打败了另一个汗主——他的弟弟阿里不哥，确立了君临天下的绝对地位。

忽必烈即位，设置十道宣抚使，其中姚枢为东平宣抚使。枢到任后平均农民的赋税负担，把铁官罢去，设检察、劝农二人监理其事。中统二年（1261年），拜他为太子太师，姚枢以为不适宜，辞去不做，又改任大司农。

至元四年（1267年），拜姚枢为中书左丞。姚枢奏请废除各地宗室世代承袭地方长官的旧制度，官吏改由中央委派。忽必烈非常恼怒，姚枢上书说："太祖开创基业，超过前代，但还没来得及治理就辞世了。

其后数朝官员多且滥用刑罚，以致民生凋敝，陛下生来圣明仁慈，即位前就讲求治国之道，河南、陕西、邢州这些地方本来治理很混乱，陛下在那里设置安抚、经略、宣抚三使司，选派官吏去任职，颁行俸禄，清除贪污，提倡廉洁，鼓励农桑，不到三年这些地方就完全变了样。各地百姓都企盼陛下去拯救他们，就像子女之盼母亲。先帝宪宗驾崩后，国内陷于混乱之中，是上天让陛下继承皇位。陛下采用中国历代制度，内立中书省及各部，外设监察院及各道按察司。自中统至今五六年间，虽内叛外侮接连不断，但官民还是比较安定的恢复。

忽必烈成为唯一的蒙古大汗。忽必烈明白，如何建立一个既能保持蒙古之成法，又能适应中原地区经济文化发展水平的一整套国家机器是他面临的最大的问题。完全采用汉化，做中国的皇帝，那势必要牺牲蒙古贵族和早先征服的部落的利益。更为重要的是，中原仅仅是大蒙元帝国的一小部分，他们又是最后被纳入版图的，而要让征服者接受被征服者的文化与文明是非常困难的事情，虽然被征服的汉人（北方人）、南人（南方汉人）的文化已远远超过了他们这些游牧民族。

但是忽必烈又明白，就是这一小部分，却代表着先进的文化，是蒙古帝国中最有活力的一部分。自己要想在中原立住脚跟，要想创造出比成吉思汗还要宏伟的事业来，最终他还是要依靠这一小部分。因此，他便毫不犹豫地在建国之初就利用汉人，进行了一系列的汉化改革。

他又找到了那些推他到汗位上的汉儒们。刘秉忠是第一个，忽必烈委托他："凡治天下之大经，养民之良法，卿其议拟以奏。"

刘秉忠们立即着手进行这项工作。他们上采祖宗旧典，参以古代制度，结合现实需要，详细列出了条文上奏忽必烈。

首先采取了一个具有重大意义的措施就是建立年号。蒙古人原以十二生肖纪年。成吉思汗建国后，历代大汗也没有用过年号，忽必烈采用了刘秉忠的建议，按照中原汉王朝的传统，称帝建年号。建立年号一事，是忽必烈意图按照中原王朝原有模式来建立自己的政治机构所迈出的第一步，既表示蒙古国继承中原王朝前代之定制，也表示蒙古统治者统一全国，实现"天下一家"的意志。公元1264年，他又下诏改燕京为中都，升开平为上都，并改元"至元"。至元八年，废蒙古国号，取《易经》中的"大哉乾元"之意，新建国号为"大元"，进一步表示要"统一天下"，实现"天下一家"的愿望。

第二点就是为建立稳固的政治地位，逐步建立健全中央和地方的行政体例。许衡奏道："自古立国，皆有规模。循而行之，则治功可期。而堂堂天下，可无一定之说而妄为之哉？"他们借鉴宋、金制，在中央设立中书省；在地方上设置行中书省，简称行省，形成沿用至今的行省制度。行省之下分路、府、州、县等各级政府机构。各级官吏"颁章服，举朝仪，给俸禄，定官制"，改变了过去蒙古人无俸禄，依靠掠夺自给的传统。

第三点就是劝课农桑，发展经济。公元1261年，忽必烈建立劝农司，劝农司挑选农艺学上有造诣的人去帮助农民更好地利用他们的土地。各地严禁蒙古贵族圈地毁田，相反，政府还鼓励垦荒，实行屯田、招抚流民、劝课农桑、兴修水利、轻徭减负、建立学校等，这些措施的施行，有力地促进了中原地区的经济文化发展，不到十年，就使中原部分地区得到初步治理，为忽必烈开动军事机器准备了充足的物质保障。

第七章
建立大元，统御有方

忽必烈于公元1271年将"大蒙古"国号改为"大元"，从此以一个新朝雄主登上历史舞台。建立"大元"之后，忽必烈不再一味地重用汉人治国，而是蒙汉一起治国，可谓是统御有方。

汉法治国，太子不满

忽必烈通过吏员出职选拔官员，为了保证官员的行政效率，制订系列吏员出职和官吏考核、监察制度。还规定，每年各级官员都要向朝廷举吏员，称为发贡，这一套官吏选拔、考核制度，基本上属于中原王法系统。

阿合马找到真金："殿下，此为汉法治国，还是蒙古人的天下吗？"

"父皇不是我们蒙古人吗？"真金也是一肚子气。

"长此以往，还不是刘秉忠把持朝政吗？"

"刘秉忠能反不成？到时有人治他。"

"如何治他？"

"他言行严谨，现在是找不到办法。"真金叹一口气。

阿合马说："办法倒是有，怎么能找不到办法呢？"

"什么办法？"

"刘秉忠儒吏兼通，他的弟弟在下面办学敛财。"

"阿合马，你听好。"

"有何吩咐？"

"这财权归你掌管，如有纰漏，还不是你的责任吗？"太子真金叹了一口气，"阿合马，你斗不过他。"

"会的。"

"不可能。"

"为什么不能斗过他。"阿合马心中不服，把牙咬得咯嘣作响，"刘秉忠独揽朝纲，到处任用汉人。"

"这是陛下应允的。"真金叹了一口气说。

"陛下有时纵容他。"阿合马说，"让我说，该削一下汉人的权势。你想，将来你执掌天下，如何管得了这么多汉人，不如现在趁早除去。"

"除去什么？"

"汉人官僚。"

"这不行。"

"为何？"

"有违圣命。"

"那当如何是好？"

"阿合马，刘秉忠任用汉人，就是安插亲信。"真金说，"咱们也可以任用自己的人，对吗？"

"殿下英明。"

"安童如何？"

"他才多大，能给他安一个什么职？"

"去禀告陛下，就说安童有经天纬地之才，不就行了？"真金说，

忽必烈夏宫

"话是可以说的，看由谁来说。"

"谁说？"

"刘秉忠。"

"让刘秉忠荐安童？"

"对。"

"行吗？"

"行。"真金说，"先让安童到沉堂寺去，那里正是刘秉忠之弟办的学堂，不少蒙古贵裔都在那里。"

"在哪里？"

"三座楼和尚楼之间，主持是几位德高望重的法师。"真金说，"我听过他们的经课。"

"如何？"

"习行移算术，字画谨严，能言善辩。"真金说。

"不简单。"

"是的，那里人士才识明敏，吏事娴熟，日后都会补充为吏。"真金说，"刘秉忠还能不信他弟弟？"

"会的。"

"那就快传安童。"

"是。"阿合马应声而去。

安童衣甲整齐，面色沉静地走了进来，真金曾和他是儿时伙伴儿，几年不见，都已成了大人。

阿合马把安童带到真金面前时，真金都愣住了。

阿合马说："这位就是安童。"

真金说："小弟，咱们有些日子未曾谋面了。"

安童说："是的，多谢殿下还把我记在心上，真是感激涕零。"

安童身材端端方方，胸脯宽宽大大，他那大脑袋上的头发蜷曲着，穿着金黄的绸衬衫，绒布裤子。他的头发发亮，浓眉底下一对大眼，还有年轻的小黑胡子底下雪白的牙齿，都闪闪发光。他穿着黑袍子，举动里有一种温雅，很有些特别。

安童见真金在盯着自己，就笑了笑说道："我还是老样子，不太注重装饰，只是随便惯了。"

真金说："这样很好。"

安童说："殿下召我来有何重要之事呢？我只想过一种平民生活，安居乐业，恪守家训。"

真金说："你乃建国栋梁之后，怎能以平民论之？"

安童说："不能以民众视之，将是我最大的遗憾。"

真金说："什么遗憾，我没有听懂你说的话。"

阿合马说："安童的意思，是想过一种与世无争的生活。他守着木华黎的封地，在宫中做怯薛头领，他就很知足。"

安童说："是很知足。"

真金说："很知足？难道不思报国就知足了吗？"

安童说："在下时刻念着忽必烈陛下的恩典，以图报效。"

阿合马说："安童真是少年英才，难得的英才。"

真金说："既是难得英才，就请出来为汗国做事。"

阿合马说："应当出来。"

安童说："在下不敢。"

真金说："有何不敢？现在汗国正是用人之际。"

安童说："不敢以人才自居，只是一个书蠹而已。"

阿合马说："怎么能这样说呢？咱们都是汗国的精英，为汗国效力，以后，更应勤思为汗国效命。"

安童说："我也是一个散漫之人，已过惯了散漫生活，不想理政事。再者，从政需要一颗激进不败的心，在下不思进取，怎敢妄言为国效力，只怕误了军国大事。"

安童说完之后，长叹了一口气。阿合马看一眼真金，又看一眼安童，也长叹了一口气。真金有些抑郁，他不明白安童为何会淡泊名利，也不明白安童为何突然对他冷淡了许多。

真金回去后对母亲察必说："安童为何会是这样一个人？"

察必听了真金的述说，却感到安童是一个难得的人才。

察必说："孩子，你应当多亲近像安童这样的人。"

"多亲近他？"

"对。"

"那就是要远离阿合马这样的人？"真金问，"母亲，你是不是有个言外之意，让我疏远阿合马？"

察必点一下头。

真金说："这怎么可能？阿合马大智大勇，他人才难得呀。"

"比刘秉忠如何？"察必说，"阿合马总在你父皇面前说刘秉忠的坏话，可你听说过刘秉忠说过阿合马一个不字吗？没有，这就是说阿合马不及刘秉忠。"

"不及他什么？"

"气量。"

"什么气量？"

"就是包容之心。"察必说："为政之人当有包容之心，也要有宽容之心，这样方能不斤斤计较。只有这样，才能不计个人得失，不抢功名利禄。眼下，安童正是这样的人才，难得的人才。"

"怎么？"

"你是皇太子，不正是你来举荐安童的吗？"察必说。

"是我举荐的。"真金有点懊恼说了过多的赞美安童的话。

察必说："这样吧，等你父皇来了之后，咱们再议一下安童的事。"

真金说："父皇呢？"

察必说："到刘秉忠那里去了。本来他是想叫我一块去的，我只是感到身体不适，才没去那里。"

真金说："又是到刘秉忠那里，我猜也是。"

真金满腹怨言地告别母亲察必，来到刘秉忠住处，正听得刘秉忠向忽必烈述说政体划分之法。

"陛下。"刘秉忠说，"如果推行汉人之法，则可大治。"

"大治？"忽必烈说，"汉法中也有一些不当之处。"

刘秉忠说："是的，我们可选唐宋辽金制度之优。"

忽必烈："什么优点？"

刘秉忠说："设置路、府、州、县，路统于行省，设总管、同知等官员，府一级不普遍设置，统属也不一样，有的统于路，与州平级，有的统于行省，为直隶府，与路同级。个别的则直属于中央行省，府设知府、同知等官员。州也可设两类，一类直属于行省，称直隶州，与路、直隶府平级，县一级按户多少分上、中、下三等，设县尹、县丞、县尉等官。也就是设省、路、州、县四级官。"

忽必烈点一下头。

真金在门外听到刘秉忠述说，也感到刘秉忠为革新政体做了大量工作，费了不少心思。

忽必烈说："多设一级，就会多出几百或几千甚至上万官员。"

刘秉忠说："多出官员，也就多出了百姓负担。"

忽必烈说："是。"

刘秉忠说："可把路去掉。"

忽必烈说："等一下吧。"

刘秉忠说："比较通用省、府、县三级行政即可。"

忽必烈点一下头说："就设省、府、县三级官员吧。"

刘秉忠说："我马上照办，挑出官员任用之名册。"

忽必烈说："刘先生之意还是多任用汉人，对吧。"

刘秉忠点一下头。

忽必烈说："就怕会有许多蒙古人出来反对的。"

刘秉忠说："可以设达鲁花赤，也就是我们蒙古人说的镇守者。"

忽必烈又点一下头。

真金折身去找阿合马，问他"达鲁花赤"是何意思。阿合马沉吟半晌，从心里暗暗佩服刘秉忠的八面玲珑。

阿合马说："要想扳倒刘秉忠，看来得一个人。"

太子真金问："谁？只要你说出那个人，我就去请。"

阿合马说："八思巴。"

太子真的说："走，咱们现在就去探望八思巴。"

阿合马和真金来到八思巴府第，八思巴正研究政体升迁事宜。真金问："八思巴大人，汗国初行枢密院、御史台、宣政院三大机构，下面的官僚如何设置，又如何选备用人选呢？请教一二，望先生能不吝赐教，也好让我心知肚明。"

八思巴说："殿下，百官的任免进退，都要经过中书省审察。职官升迁，从七品以下归吏部主管，正七品以上由中书省主持，三品以上由忽必烈陛下任用。六品到九品官职，由中书省敕授。"

真金说："八思巴先生，能否告知我，在大汗国体制之中，是否还有分封采邑之制，就是那些诸王贵族怎么办？"

八思巴说："我和刘先生是有两种看法，各执己见。"

阿合马说："那么，八思巴大人是否同意分封采邑？"

八思巴说："刘秉忠大人是不同意分封采邑制的。"

真金非常佩服八思巴的临机应变和见风使舵，他知道八思巴也许和刘秉忠没有多少分歧，只是在任用官制上有些不同看法而已，但八思巴为了不得罪阿合马，偏要把刘秉忠另当别论。八思巴的回答令真金十分满意，真金有些忘形地说："八思巴大人，你和阿合马会成为我的左膀右臂的，当然，那要等我承袭汗位。"

八思巴心中大吃一惊，他没想到太子真金会如此张狂外露。

八思巴说："殿下，阿合马大人是回人，我是藏人，刘秉忠是汉人，但我们想着的都是汗国利益。"

阿合马说："是啊，咱们处处都是为忽必烈陛下着想，为殿下着想，为大蒙古天下稳定着想。"

真金说："大蒙古天下要想稳定，也非易事呀。"

阿合马说："有殿下一心一意为国，没有难事。"

八思巴也点头称是。

真金说："没有你们这些忠心臣子，怎能保得汗国无恙。"

八思巴说："忽必烈陛下有过人之才，也会用人呀。"

"汉人用多了，是不是要危及汗国？"

八思巴愣了一下，至此他才明白了阿合马和真金的来意。

阿合马说："八思巴大人，忽必烈陛下让你和刘秉忠刘大人一道整治吏治，你是不是也同意用这么多汉人呢？"

八思巴本能地摇一下头："殿下，我是拥护您的。"

真金点一下头："我知道八思巴大人的心意。"

阿合马说："凭心而论，八思巴大人，殿下是念着你的好，时常在陛下面前夸八思巴大人有治国之才。"

八思巴不卑不亢地说："忽必烈陛下夸我结束了吐蕃三百年战乱。"

阿合马说："这正是惊世奇功，也正因此夸你有惊世之才。"

八思巴说："多谢太子夸奖，我心中有愧，对殿下做得很不够，有很多方面都做得不够，心中有愧。"

阿合马问："有什么愧？八思巴大人，你不忠于真金殿下吗？"

太子真金瞪阿合马一眼说："阿合马！八思巴大人，刚才阿合马大人，话讲得不对。"

八思巴说："阿合马大人的话讲得对，殿下，我就是问心有愧，对于殿下不够过于忠诚，不像阿合马大人。"

真金吃了一惊。

八思巴说："太子殿下，我把心思都用在忽必烈陛下那儿了。"

真金说："用在陛下那儿是对的，就是该用那儿。"

八思巴说："殿下，您这么说，就是不怪我？"

真金点一下头。

八思巴说："陛下令我整治政体，还让我推行村社之制。"

真金问："什么是村社之制，阿合马，你知道吗？"

八思巴说："阿合马大人管财政，不过问吏治之事。"

阿合马尴尬地点一下头，心想：等我捞足了钱，也像贾似道那样，在外卖官，听说刘秉忠之弟刘寺坡的学苑都对外卖起了官。

真金说："八思巴大人，村社之制又有什么好处？"

八思巴说："社有社长，由众社众推举年事已高、通晓农事、家事之人担任，免去本人差役。"

真金点一下头。

八思巴说："还在北方设锄社，就是农忙之时，先锄一家之田，棚供其饮食，其余次之，旬日之间田可治也。"

阿合马说："遇上会算计之人，到他家锄地，不给饭吃，如何？"

八思巴问："不给饭吃？那么，谁还有力气干活？"

阿合马说："饭有孬好，可给一些粗杂粮吃，也可给一些白面大肉管饱的吃法很多哩。"

真金笑了。

八思巴说："殿下，你是否笑我不会说话？"

真金说："我是笑阿合马毕竟是一个生意人出身。"

八思巴说："生意人？阿合马大人会精打细算呀。"

真金说："那他是不是过于苛刻了，光想让人给他干活，却不想管人家饭吃，给也不让吃饱。"

八思巴说："忽必烈陛下又在路、府、州、县之下分设乡、都等级，统称为里，城镇之中有隅、坊组织，统称为坊。里和坊有里正、主首、正、坊正等办事人员，负责催办税粮，负责督促徭役。"

真金心中暗暗称奇，心想，如此庞杂机构，刘秉忠还真是费了些神。这种层层设职之法，政事逐级上传下达，各地都如此建制，也就全了然了。

阿合马说："这一定又是刘秉忠的怪点子，设那么多职位，还不都是留给汉人当，这真是蒙古人江山汉人坐了。"

真金说："蒙古人的江山，肯定是蒙古人坐的。"

八思巴说："事实上也是蒙古人江山蒙古人坐的。"

阿合马说："不对，那么多州长、里长、县长、省长，还有坊正、隅正、主首，不都是汉人？"

八思巴说："坊正、隅正、主首可以是汉人的。"

阿合马问："为啥？"

八思巴说："因为太多的汉人，应当由汉人治理。"

阿合马说："汉人人多势众，将来要反了，岂不易如反掌。再说，刘秉忠古里古怪，不知葫芦里卖什么药呢？"

八思巴说："刘秉忠是忠于忽必烈陛下的，可以说赤胆忠心。"

阿合马说："我可不这么认为，殿下，八思巴大人总说刘秉忠大人忠于忽必烈陛下，我倒想问一下，八思巴大人有什么可以令人信服的证据。"

八思巴说："阿合马大人，你能拿出刘大人不忠之证据？"

阿合马叹一口气说："那还用说吗？他滥用汉人。"

八思巴说："刘大人奉圣命，任用汉官也是经过忽必烈陛下首肯，怎能说他滥用汉人呢？"

阿合马说："可笑。"

八思巴说："可笑什么？"

阿合马说："殿下错看了你，八思巴大人。"

八思巴说："阿合马大人，我刚才已经说过，我只是忠于忽必烈陛下，因为他对我有知遇之恩，平定吐蕃之乱。全凭忽必烈陛下神威。我永远忠于他一个人。"

阿合马气得脸色铁青："你！不知好歹，我和殿下是专程来找你商讨军国大事的，不知你会有如此蛇蝎心肠，不明是非，不识大体，不识时务。"

八思巴笑了起来。

阿合马说："你笑什么？"

八思巴说："阿合马大人真是好口才，会做生意。"

真金也有些生气了，大口大口地呼着气。

八思巴说："多有得罪！二位大人，你们也都是汗国栋梁，我们所做一切，都要为汗国着想。"

阿合马说："八思巴，难道我们不为汗国着想了吗？"

八思巴说："我能听出来，八思巴不是一个笨人。"

阿合马说："八思巴是笨人，天下第一大笨人。"

八思巴说："我不笨。"

阿合马说："殿下就在你面前，你居然不承认是对他十分忠诚，真是天底下最大的傻瓜。"

八思巴说："不是傻瓜。"

阿合马说："就是。"

八思巴说："只有不忠于忽必烈陛下的人才是傻瓜。"

阿合马说："忽必烈陛下早晚要传位于真金的。"

八思巴说："阿合马，做臣子的忠于陛下有错吗？"

阿合马说："真金专为你而来，未想到他错看了你，你居然不识时务。"

真金叹了一口气。

阿合马和八思巴都止住言语，愣愣地望着真金。

真金悄然离去。

阿合马尾随真金来到府门前，低声问道："殿下，对八思巴这样的该用什么办法对付他？"

真金说："你看着办吧！你是最忠于我的，阿合马。"

阿合马点一下头。

真金说：“阿合马，不论做出什么事，都与我无关。”

阿合马又点一下头。

真金说：“干什么事都要干净利落，出手要快。”

阿哈马说：“我会的，太子，一定快刀斩乱麻！”

真金说：“斩乱麻？阿合马，这是什么意思？”

阿合马说：“殿下，你不用多问，我知道。”

真金问：“我是想问，什么是斩乱麻？你说。”

阿合马说：“殿下，我的意思你应该懂的。”

真金摇一下头。

阿合马说：“殿下，你真的不懂我对你的心意？”

真金说：“我从来都相信阿合马是个大智大勇之人。”

阿合马说：“我不会辜负殿下对我的期望。”

真金说：“阿合马，我可什么都没对你说。”

阿合马点一下头，转身而去。在他转身离去之时，真金分明看到阿合马嘴角那一丝笑，是冷笑。

阿合马从真金府门口折身而回，途经寺门口时，真的听到里边有诵经传道的声音。

“安童？”阿合马吃了一惊，“安童真的在里面呢？”

安童也好像看见了阿合马，他对阿合马点头致意。

不知为什么，阿合马对安童顿生一股怜爱之意，他下意识地对安童招了一下手，安童笑眯眯地朝他这边走过来，边走还边吹着口哨。

"在这里还好吗？"

"好。"

"没想到你真会来这里读经书。"阿合马笑着说，"你能到这里来，也是殿下所期望的。安童，我们都应当为殿下做些事，特别是你。"

安童点一下头。

阿合马说："也并非是说忠于殿下就是不要忠于忽必烈陛下。我们为人臣子，当然是要忠于陛下的。"

安童笑着说："阿合马大人果真这么想，很好。"

"我就是这么想。"

"有人说你只忠于真金。"安童笑嘻嘻地说。

"一定有人谗言于我。"

"阿合马大人，真的没有人在我面前说你的坏话。"安童说，"刘秉忠大人之弟在这里主事，你是否见他一下？"

"刘秉忠？"阿合马咬牙切齿地说，"这个奸贼。"

"刘大人不奸。"

"他是奸恶之人。"

"阿合马大人；我像尊重你一样敬重他的。"安童说，"你们都是忽必烈陛下重臣，汗国离不开你们的。"

"安童，你马上就会明白的。"阿合马咬牙切齿地说。

"阿合马大人，你有什么心事吧。"安童依然笑嘻嘻的。

"没有心事。"阿合马说，"我能有什么心事呢？"

"没有更好，咱们都应把心事放在治理汗国上。"安童说，"眼下政体初定，忽必烈陛下正鼎立新政，我们都要为其效犬马之劳，为其甘心做出丰功传业而不留名。"

"不留名？"

"对。"

"什么意思？"

"就是干什么事都不留真实姓名。"安童说着笑了起来。

阿合马能感到安童的笑意里隐藏着什么，但他又一时猜不透。

阿合马在朝中颇感孤单，放眼朝野，唯自己一人与汉臣争执。他看到忽必烈颇为倚重安童，便想拉住安童，成为自己阵营的人。

夜幕落了下来，安童所住的院子蒙着一层惨白的月光，罩在头顶上的天空，有着稀稀疏疏的星星，亮亮的，仿佛一些光明的泪珠，就要坠落。

阿合马悄声走了进来，对安童说："我是特来请教一些事宜的，特来相扰，请勿见怪。安童，不知你还有小酌雅兴呢。"

安童正在独自饮酒，他一杯接一杯地喝。见阿合马到来，并不起身，还是自斟自饮着，阿合马有些难为情地笑一下，安童冷冷地说："来了，坐。"

阿合马兀自找来一个酒杯，与安童对饮一杯说："刘秉忠他们所谈的道是什么？为什么能迷住忽必烈陛下？"

安童说："就是程朱理学所说的理，也叫天理。"

阿合马冷笑一声说："这个世道，从哪谈天理呢？"

安童说："刘秉忠认为的天理就是万事万物产生的根源。"

阿合马嗤之以鼻，"什么根源？中原汉人就会故弄玄虚，他们只是妖言迷惑忽必烈陛下，可笑，陛下居然还信刘秉忠他们那些汉人。万事万物有什么根源？还不是长生天来决定的。"

安童说："我也是这么认为的来着，可忽必烈陛下不听。"

阿合马说："那他听谁的？还不是刘秉忠他们那些汉人？"

安童说："刘秉忠大人和王社教、龙广天书他们那一帮人在忽必烈陛下面前，红得发紫。"

阿合马叹一口气："我很担忧。"

安童说："忧从何来呀？"

阿合马说："我有句话，不知你肯不肯听。安童，如果你听的话，在下就是来献计的，咱们携手共敌刘秉忠。安童，殿下也看中你是个人才，英俊年少，将来必成大器。我不相信，咱们斗不过刘秉忠。"

安童呷一口酒说："刘秉忠提出三纲五常伦理道德，他就是想用儒家思想去影响忽必烈陛下。"

阿合马说："何为儒家思想，它怎能影响陛下呢？"

安童说："以马上取天下，不能以马上治天下，这是汉儒们经常劝谏忽必烈陛下的，现在，忽必烈陛下很听这些，也信这些。"

阿合马呷一口酒说："不能以马上治天下，谁信？"

安童问："什么谁信？"

阿合马说："谁信服你？谁会那么老实听话？汉人吗？不可能的。一有机会，汉人就会反的。"

安童说："汉人会反？忽必烈陛下如此英明，怎么可能？"

阿合马微笑一下，并不言语。他呷了一口酒，居然端起酒杯，在庭院中转悠起来。安童很能理会汉人用意，他只是想尽快在经堂院学完忽必烈汗要他学的儒家学说，他知道忽必烈陛下已对自己允诺下来的事情不会变的，他也知道自己虽然年少，总归是青山遮不住。他就要出来为忽必烈汗做事了。

安童走近阿合马，用手拍了一下阿合马。阿合马吓了一跳。

"安童，吓着我了。"阿合马笑着说。

安童说："能有幸陪阿合马大人喝上几杯，真是令人开怀的事情。阿合马大人，走。"

"进去坐？"

"对。"

"不进去了。"

"真是慢待阿合马大人了。"安童说，"那好，搬到外边。"

阿合马和安童真的把酒桌抬到庭院中，此时，月升东山，一片美丽的月光透过东家小店的房脊，正好直朝安童射过来。

阿合马并不能体会安童的心境，他连叫几声安童的名字，并不见安童有什么反应，便悄然起身离去。走到大门时，还见安童望着月亮。阿合马突然感到真金有些好笑，他怎么会看中安童呢？

阿合马找到真金，述说了见到安童的情景，真金愣了好半天才说一句话："大智若愚。"

真金思索良久，便决定直接问忽必烈汗刘秉忠滥用汉儒之法的事，他以为只有这样，才能让刘秉忠有些收敛。

忽必烈正与沈元帅探讨东征日本之事，不承想真金会如此不通情理，险些让他下令杖责解气。他只是愤懑地说："你是皇太子，何必要跟大臣们过不去呢？"

皇太子真金像是受了莫大委屈似地说："汉儒的话，有什么好？"

忽必烈质问："那么，你说一下汉儒的话有何不好？"

沈元帅说："陛下，殿下也并未明说汉儒是谁。"

太子真金说："就是刘秉忠，就是他们那些常说马上取天下，不能马上治天下之人，用心何其毒也！"

忽必烈说："怎么啦！他们这样劝谏朕，有错吗？"

沈元帅说："陛下，殿下之意是刘秉忠有些言辞过激。"

忽必烈说："什么过激？依我看，刘先生话没有错。"

沈元帅说："殿下只是有些不理解刘先生而已。"

真金看一眼沈元帅，见沈元帅朝他挤一下眼睛，却又不懂何意。真金呆呆地立在那儿，愣愣地望着忽必烈，他多么希望忽必烈下令治刘秉忠的罪，削去刘秉忠和那些汉人权势呀！

忽必烈说："你应当多向大臣们学习治国之道。"

真金说："难道孩儿现在不是在说治国之道？"

忽必烈说："我听得出来你是在说一些治人之道而已。"

沈元帅笑了一下。

真金说："我们靠武力取天下，文治能行吗？"

忽必烈问："有何不行？"

真金说："先祖们一直都是在马背上生存的。"

沈元帅说："汉人们以前是在山洞里生存，现在还不是出来了。"

真金说："蒙古人不能下来，不能从马背上下来。"

忽必烈说："为啥？"

太子真金说："那样的话，还叫什么马背上的民族？"

沈元帅说："大势所趋，天下一统，到处都是蒙古人嘛！"

忽必烈说："蒙古人的天下，这个一点也没有错。"

真金说："我们要靠武力治天下，正如我们靠武力取天下。父皇，有些人只是怕我们杀汉人，他们才胡说老子和孔夫子。"

忽必烈："大胆小儿！你真是口出狂言。儒家之书我都是要学的，现在，我令你也要学，回去，好好学去吧！"

心生猜忌，限制汉人

忽必烈知道刘秉忠一干汉臣的"马上取天下、马下治天下"说得不错，也明白真金目睹汉臣垄断朝堂而不悦是性情使然。李璮、王文统已经伏诛，蒙古国一片安宁，汉臣们面临如此局面，应不会再敢起异心。但是，自己对汉制的一味认同会不会因此而使汉臣们骄蛮起来呢？忽必烈心中不禁一懔，也思忖片刻，便传令把安童叫来。

安童进来后，跪地行礼，忽必烈抬手招呼道：

"安童，起来，坐到朕身边。"

安童一身月色长袍，映衬着英俊而稍带稚气的脸，他有些惶然，听陛下赐坐，只得斜欠着身子，坐在了锦兀上。

忽必烈依旧斜靠在榻上，径直问道：

"听说近日阿合马到你那里去过？"

"陛下明察，去过两次。"安童据实回答。

"嗯，"忽必烈见安童如此坦白，很满意，又问道："他都说些什么呀？"

"回陛下，他对刘秉忠刘大人恨之入骨，是去骂刘大人的。"

"那你知道他为何恨刘秉忠吗？"

"臣有所耳闻，是刘大人进谏过他假借为汗国征赋之机，贪污了些钱财，还有冶炼……"

安童没有讲完，忽必烈又问：

"那阿合马为何到你那里去骂刘大人呢？"

安童有些紧张，他稍沉了沉，回道：

"我猜他是看臣下得陛下及皇后错爱，欲与我拉关系。再说，他心有所虑，不敢当面与刘大人论辩。"

"你很诚实。"忽必烈笑了。

安童的心定了下来，抬头望着忽必烈有些日渐发福的身体，又道：

"陛下，臣有一点想法，不知可否讲出？"

"讲。"忽必烈的眼中充满了喜爱，看着安童。

"臣以为，推行汉制、倚重汉臣是陛下的英明之举，经验证也是卓有成效，目前汗国一派祥和之气，汉臣功不可没。但汉臣侍奉陛下的目的却有万千，有为天下宁和的无私耿介之人，也有为高官厚禄诱惑之人，还有久藏祸心、欲颠覆我大汗国政权的李璮余孽。陛下想必已有提防之心，可绝李璮第二的出现。"

忽必烈听着这个英姿勃发的青年之话，不由心中一动：自己的心思他全明白。忽必烈点点头："所言有理，汗国初靖，不容再有祸端。阿里不哥老实了，李璮也死了，有些人就开始说天下太平了，该重农桑了。"

"陛下，重农桑没有错。但关键是要有和平的局面，而这局面的关键则是军队。"

"噢？说下去。"

"如今伯颜将军征山东回归，正赋闲在开平，陛下没忘了他吧？"

"当然。伯颜的确是一猛将，冲锋陷阵从不迟疑，你有何想法？"

安童向前坐了坐，道：

"陛下没想过让伯颜将军参与政事吗？"

忽必烈明白安童的意思，他是想用伯颜在朝中担要任，以军威震慑有不轨之心的奸臣。忽必烈点点头，道："安童，你该出来为朕干点儿事了。"

安童跪地："安童唯陛下尽遣，决不辱命。"

第二天，忽必烈下诏，任命伯颜为中书左丞相，安童为光禄大夫、中书右丞相，增食邑四千户，共理朝中政事。至此，在中央最高权力机构已经改变了汉臣独掌的局面。这不仅标志着忽必烈已经有了提防汉臣异心的警觉，也说明了忽必烈要在汉制治国的旗帜下，逐渐限制汉人权力，要大张旗鼓地培植一些其他宗族的臣属了。

在这次权力转移的过程中，阿合马成了受惠者。

阿合马虽在忽必烈面前颇讨欢心，但因汗国初期，忽必烈的着眼点是依汉制整顿汗国政务，故而汉学知识贫乏的阿合马不能给忽必烈提出什么施政纲要，也没有引起忽必烈对他的注意。阿合马削尖脑袋，也仅仅管些财粮小事，不由得急在心上。为了能得重用，他想出了一个好办法。

在中统年间，冶铁业在钧州一带颇为发达，但都属个人。阿合马认为如果将这些冶铁户由朝廷统一管理，实行垄断冶铁业会有利可图。而此时的忽必烈汗国初立，国库空虚，忽必烈常感受其掣肘。在征阿里不哥后，忽必烈为了稳住西北的蒙古诸王，多用金银赐之，更是加剧了汗国经济的拮据。阿合马的这一建议被忽必烈欣然采纳了。

阿合马不愧是商人出身。他得到陛下的支持后，掌控了全国的冶铁户，每年输铁130余万斤，用此铁打造成农具后，又高价向农民兜售。恰逢忽必烈大倡农桑，自然很顺利地卖掉了这些农具，并为忽必烈换回了粟米。忽必烈大为惊喜，在朝堂上连声夸赞阿合马一心为国，当廷升阿合马知开平府，领中书左右部。

刘秉忠此时正在中部，闻听此事后，专门回到开平，在一次朝廷议事中，出班奏道："陛上，这是百姓的呼声。阿合马大人冶造的农具粗制滥造，质量低劣，而价格昂贵，百姓不想买，可却被官府强行分配，百姓叫苦不迭。流传的诗句便是明证。"

阿合马一见刘秉忠当廷责斥自己，也出班奏道：

"陛下，劝扶农桑本是刘大人也倡议过的，如今微臣冶铁治农具，一为汗国谋利益；二为百姓兴农事，刘大人为何有此责备？"

刘秉忠亦严厉道："冶铁由朝廷统一不错，为百姓造工具也不错，错的是阿合马大人借机中饱私囊，坑害了无辜百姓。"

"笑话，我一心为了汗国，你竞污蔑我私吞银子，有证据吗？"阿合马尖叫着。

"好了，"忽必烈有些腻了这帮臣下的争斗，他看了看刘秉忠道："你的意思我知道了，都下去吧，阿合马要有则改之，无则加勉，散朝。"

阿合马这次朝堂争斗中没吃败仗，他从中窥出了忽必烈急欲敛财、充盈国库的心思。于是他又提出整顿食盐课税，忽必烈又是应允。

当时的食盐已实行官府专卖，在产盐区，由官府出面，设立场官，役使灶户煎煮，然后再由官府卖于百姓，所得归国。但当时有一些私盐商用贿赂手段与场官勾结，把持盐市，勒索百姓，令百姓深受其害。盐是百姓生活之必需，所以此局面也令百姓怨声不断。

百姓见官府不禁止盐商的行为，纷纷煮盐私卖，一时间，官府的官盐没了销路，阿合马得知这种状况后，下决心改一改。他知道百姓煮盐难以禁止，便下令私盐准予经营，但需向官府交纳课税。此法一行，平白为忽必烈增收了大量白花花的银子，忽必烈当然高兴之至，赞不绝口地夸道："自从你为朕理财以来，朝中国库渐盈，是你的功劳哇。"

阿合马从此在忽必烈眼里，已不仅是一个乖巧听话的小吏，简直是汗国捞钱的金勺子。这回加封安童、伯颜时，忽必烈也准备重用阿合马。在罢去中书左右部后，汗国的权力中心为中书省，于是忽必烈颁诏，迁阿合马为中书省平章政事，列副宰相之职，进阶荣禄大夫，可谓荣宠一身了。

政治改革，行省制度

秦汉以来，地力行政区划大抵依山川地形的自然界限或历史传统等因素来确定，政区的自然属性与经济、文化一体化趋势较强，容易产生割据局面。从元代开始，行省区划主要以中央军事控制为目的，采取"犬牙交错"的原则，任意将自然环境差异极大的地区拼成一个省级行政区，削弱地方的经济、文化认同感，人为地造成犬牙交错和以北制南的局面。从而使行省官失去了扼险而守、割据称雄的地理条件，朝廷就比较容易控制了。

北宋为了强化中央集权，极力从军、政、财、司等各方面削弱地方，造就强干弱枝的政治局面以巩固中央集权。明朝也是把地方权一分为三，分别为承宣布政使司、提刑按察使司、都指挥使司，这也是通过分地方之权以加强中央集权的。而处于它们之间的元代却反其道而行之，实行行省制度，地方行省权力相当之大，以至于"军国重事，无不领之"，可它依然巩固了元代的统治、加强了中央集权，使元代作为草原游牧民族建立的大一统王朝，能够对空前广袤的疆域统治近百年。

元朝统一全国后的疆域北到西伯利亚，南到南海，西南包括今西藏、云南，西北至今新疆，东北至鄂霍次克海。"元之天下视前代所以为盛"，元朝的疆域比以往任何朝代都辽阔，《元史·地理志》中也写到"自封建变为郡县，有天下者，汉、隋、唐、宋为盛，然幅员之广，咸不逮元"。面对这样一个大国，如何对地方进行有效的管辖，如何加强中央集权制，是关系到政权能否巩固的大问题。

元朝沿用大蒙古国以来的游牧分封制，大量宗室外戚被分封于漠北和东北地区，在中原又各自领有大小不等的份地。对于这些皇亲国戚及其家臣，一般的地方官府难以治理，非设立位高权重的行省不足以压制。

元朝作为历史上第一个由北方少数民族建立的全国统一王朝，一直遭到南宋残余势力长期的抵抗，后来江南人民又因不堪赋役重负而纷纷起事。在这样的背景下，位尊权重的行省不但不能罢撤，反而需要进一步强化事权、明确责任，以便遇到紧急事变能够迅速决策并付诸行动，维护元朝的统治。即使大一统局面完全形成之后，行省在稳定地方统治方面的特殊价值，也没有消失。这就为行省在全国范围内的定型奠定了基础，使得行省的基本性质由中央派出机构演化成为地方最高官府。

综合各方面的原因，忽必烈即位后，采用汉制，在开平建立了中书省，作为全国的最高行政机构。后来随着元代统治中心迁往燕京（即北京），忽必烈在燕京又设立了行中书省，以实行中书省的职责。约在中统三年，中、行两省自然合并，此后就不再有"燕京行中书省"。

正如中书省是全国的最高行政机构，行中书省则是个地方的最高行政机构，在习惯上行中书省则被称为行省。在设立尚书省主持政务期间，又改称为"行尚书省"，简称"省"。

"省"的本意为宫禁，后业引申为中枢机要、行政机构的名称，因此行省起初是指临时性的中央派出机构，取代表中央行使权力之意，它多是因军事需要而设的临时机构。行省制度滥觞于魏晋南北朝、隋朝、唐初以及金初短期出现过的"行台省"，到金朝后期再出现时，已较频繁地使用行省这个简称（以前通常简称"行台"）。如金末，为抵御蒙古和镇压农民起义，君主常命宰臣出任诸路长官，或以宰相职衔授予地方长官，皆称行省，先后设有大名、河北、陕西、河东、中都、山东、东平、辽东、上京、益都、京东等行省。

公元1260年5月，也就是在忽必烈设立中书省一个月后，随即设置了十路宣抚司，"以总天下之政"。这十路分别是：燕京路、益都济南等路、河南路、北京等路、平阳太原路、真定路、东平路、大名彰德等路、西京路、陕西四川等路。每司分领一路或数路，派藩府旧臣出任宣

元朝士兵塑

抚使、副，作为朝廷的特命使臣，监督和处理地方政务。但宣抚司无处置军务的权力，使、副又多数没有宰臣职衔，如果发生叛乱或社会治安等方面的特殊情况就不足以应付了。于是忽必烈把一些地区改置行中书省。公元1261年11月，忽必烈撤销了十路宣抚司。在第二年的12月，重新设立十路宣抚司，但将它作为中书省的派出机构。

忽必烈在外路设立的第一个行中书省是陕西四川行省（京兆行省）。陕西四川行省设立在阿里不哥叛乱时期。公元1260年，京兆宣抚使廉希宪到任时，为防止阿里不哥已派来的亲信大臣刘太平联络六盘山及四川蒙古军帅，占据京兆地区。廉希宪果断地捕杀了刘太平等人，征调秦、巩等处诸军进入六盘，发仓库金银充军饷，同时遣使入奏，自劾越权的罪过。忽必烈没有责怪他，因为这是他建立的制度存在缺陷而造成的。所以在这件事后，他赞赏廉希宪善于行权应变。这一年的8月，忽必烈将京兆宣抚司改置为行省，即陕西四川行省，以廉希宪为中书右丞，行行省事。这以后，忽必烈又在其他地区先后设立了行省。由于种种原因，几经置废分合，最后稳定为十个行中书省，分统除中书省直辖诸路以外的各大地区，形成了"都省握天下之机，十省分天下之治"的行政区划格局。

吐蕃地区直属中央机构宣政院统辖，所以不置行省机构，但也被视为一个行省。这样，元朝全境共划分为十二个一级政区，即中书省直辖、十行省及吐蕃。在公元1286年以前，行省仍属于中书省的临时派出机构。直到公元1290年，忽必烈在晚年再次调整了行省建制。他将山东、山西、河北等地直接划归中书省管辖，称为"腹里"。腹里以外的地区则分置岭北、辽阳、河南、陕西、四川、甘肃、大理、江浙、江西、湖广十个行省。自该年始，行省各长官不再是中书省衔。这样行省就成为了最高地方行政机关。不过，吐蕃和畏兀儿地区另立管辖机构，不在这一范围之内。

在元代，中书省与行省以下的行政区，划分为路、府、州、县四级。路设总管府，置达鲁花赤、总管、同知各一员。一般州、县归路管辖，县由州管辖。府的地位有些不同，有的直接归省管辖，有的归路来管理。不过具体的管辖归属要看具体情况。而路、府、州、县按人口的多寡，地域的广狭，又分为上、中、下三等。距离行省机构远的地区，元朝则设置宣慰司，作为省的派出机构。宣慰使依旧没有军权。在边境地区，元朝则置宣慰司都元帅府，使宣慰使皆兼帅权。在宣慰司下，还设有宣抚司、安抚司、招讨司、长官司等。这些地区的官吏多用当地土官。

元朝时期，县以下，坊里制与社制并存。坊是指隅和坊，都是城市的基层组织，设有隅正、坊正来管理日常事物。在乡村地区的基层组织机构则分为乡和都两级，有的地区仅有乡或都一级。在乡设里正，在都设主首，用来管理乡都事务。除此以外，公元1270年，忽必烈又颁布了"农桑之制十四条"，规定在农村普遍推行社制，以50家立为社，选择年长通晓农事的人为社长。设立社的目的是为劝导农业、维护乡村秩序。社制在部分城市中也得以推行。

作为民族统治的得力工具，元朝行省主要由蒙古、色目官员掌握权力，以最关键、最敏感的统军权为例，行省官员中只有平章以上得掌军权，而平章以上又不准汉人担任，通常只能由蒙古、色目贵族担任，"虽德望汉人，抑而不与"，这些人更多的是元朝中央集权统治的忠实维护者，很难成为地方割据势力的代表。因为作为一个异族身份、文化背景迥然不同的行省长官，即使大权在握，也很难想像他会策动汉族或者能够策动汉族搞分裂。总之，元朝统治的民族色彩，在很大程度上决定了行省主要代表朝廷的意志和利益行事，成为中央控制地方的得力工具，而不会走向中央的对立面。

元代的行省制度虽然与唐宋以来汉族社会日益强化的中央集权观念确实有很大的抵触，但它作为元代社会发展的产物，还是起到了它在加强中央集权、巩固统治的目的，同时也对后世的政治制度尤其是地方行政区划产生了深远的影响。

第七章　建立大元，统御有方

第八章
挥鞭南宋，一统天下

忽必烈建立大元后，开始了他的灭亡南宋的计划。他采用汉人刘整"无襄则无淮"的建议，先突破襄樊作为突破口，一举攻占临安。在厓山海战中，南宋最后的一位皇帝——8岁的宋帝赵昺死，至此南宋灭亡，忽必烈一统天下。

挥鞭南下，攻宋策略

忽必烈在一次军事会议上说："我对南宋是礼让的，十多年前，我从长江那边回来即大汗位时，为形势所迫，曾与他们签订合约，结果他们背信弃义，把我的使者扣押了，一扣就是十五年呀！是可忍孰不可忍！我决意兴王者之师，征讨南宋，让南宋小皇帝明白，我们大元不是好欺负的！"

听到忽必烈要伐宋，蒙古将领个个摩拳擦掌，汉人大臣也都极为拥护，他们都积极地表现自己，意图通过这场灭宋的战争，好向忽必烈显示自己的忠诚，恢复对他们的信任。

最为积极的是刘整。刘整，字武仲，河南邓州人，他原是金国的将领，金亡后投了南宋。因受贾似道排挤，愤而投蒙，整籍泸州十五郡、户三十万人附。忽必烈大喜，任命他为夔府行省兼安抚大使，赐金虎符，又授予行中书省于成都、潼川两路。

攻打宋国，先从哪里下手，在蒙古内部从来都是有争议的。以前，蒙哥的意见是先拿下四川，然后从西而东；一种意见是先取建康（今南京），然后再顺江而下，攻克江南；而史天泽则建议应先取襄樊，而扬州、泸州可置之不顾，直插临安。临安破，则巴蜀之地就不攻自破。但是，由于刚刚发生了史天泽擅杀李璮事件，此时的忽必烈对史天泽还没有完全恢复信任，又加上蒙古人大多反对，他也就没有采纳。现在万事俱备，只欠东风了，灭宋之事提上日程，箭已在弦上……

刘整说道："南宋偏安一隅，苟延残喘，国弱民疲，奸臣当道，良臣猛将欲以自保，贤能之士思得明君；而我朝国力充盈，兵强马壮，此为我大元灭宋的天赐良机。况且，自古以来，帝王非四海一家不为正统。眼下，圣朝已有天下十之七八，怎能弃一隅而自弃正统呢？机不可失，时不再来，圣上决断乃英明之举。"

忽必烈大喜，问道："计将安出？"刘整说道："臣下认为，先攻襄阳，撤其扞蔽。所谓："无襄则无淮，无淮则江南唾手可下也。"他提出了和史天泽同样的观点。塔察儿出班奏道："臣以为攻宋时机尚不成熟。"

忽必烈问："何以见得？"

塔察儿说："我军擅长陆战骑射，不善水战，现在攻宋，是以我之短对敌之长，应练好水军以后再攻宋为宜。"

穆哥也说："宋廷虽然偏安江南一隅，但对其实力也不能低估：江南乃鱼米之乡，财力颇丰，城池坚固，利于久战。金朝两次攻宋均告失败。我朝窝阔台汗打到四川，无功而返。蒙哥汗更是饮恨钓鱼山下。这一切都提示我们，攻宋必须做好充分准备，轻易攻打是不会奏效的。"

"臣下不敢苟同两位王爷的观点！"刘整望了一眼两位王爷，然后说："臣下认为，不说金朝，只说宪宗之所以饮恨钓鱼山下，臣下以为其弊有四：一是选错攻宋地点。我蒙古大军，长于骑兵作战，所向无敌。但骑兵作战，宜选择空旷、平坦之地。川蜀深山大川，险阻重重，山路蜿蜒曲折，我骑兵在此种地形很难展开。况且敌人占据地利人和，我军为客，人地两生，既无掳掠来补充给养，又无俘获来补充兵力，只能以有限之力，冒无限之险，纵然有泰山压卵之势，倾河海以灭火之举，一旦进攻遭受阻滞，盘桓不能前进，便无异于强弩之末。二是国力尚很疲弱。凡夺取天下者，必蓄养精力，征赋税以足需用，屯农田以足粮草，待内部理顺，对外歼敌的条件也就成熟。而蒙古帝国自开国以来，一直在外用兵，国力岂有不弱之理？宪宗皇帝承继大统不久即出兵攻宋，以强力谋取。兵法说，以力强取者则不可持久，久则挫伤元气，疲困不振，因此才致使功败垂成。三是缺乏智谋。古之用兵，攻其不备，出其不意，而后可以用奇兵。岂能连兵百万，首尾万里，御驾亲征，全国动员，搅得天翻地覆，人人皆知？如此伐宋，无异于撞其钟而掩其耳，吃其脐而蔽其目，这哪里是用奇兵，分明是拿着价值千金的玉璧去投瓦石！"

忽必烈对刘整的高谈阔论非常感兴趣，问："刘爱卿认为，用兵襄樊，又有哪些胜算？"

刘整接着说道："选择用兵襄樊，原因也有三。"

"一是发兵南下的条件业已成熟。自我皇承继大统以后，锐意改革，内修政理，鼓励农桑，北方经济已经复苏，现已民殷国富。加之时下内乱已平，漠北安宁，各种不安定因素业已清除殆尽，政局如日中天，此时南下伐宋，正能完成我皇一统天下的宏愿。二是襄樊是南宋的软肋。兵法说，打蛇七寸，攻人打软肋。千里长江，两淮、临安、建康如果视为蛇头，巴蜀为蛇尾，则襄樊就是它的软腹。软腹牵制了蛇头和蛇尾，一旦击中，攻下襄樊，向西使川蜀与朝廷失去联系，向东则有顺江之势，向南使得南面的湖湘门户洞开，蛇头、蛇尾不能相顾，然后猛击头部，哪有不胜之理？三是我军骑兵、步卒优良，所向披靡，惟水战不如宋军。我军从现在开始，着手围困襄樊，然后造战舰、练水军，夺宋军所长，接我军所短，必能获得成功。况且我蒙古大军经过几年的实战，对于攻城拔垒亦有相当的经验，从伊儿汗国引进的炮，更是威力无比，应当说，现在我军与宋相比，在战斗力上已经远远胜出。”

“可不能小瞧南宋！”阿术领兵与南宋军队较量过多年，对他们的作战能力和技巧有着细致的研究，对南宋的政治、经济、军事也都了解一二，他插话说道。“别看南宋小朝廷偏安一隅，却是物阜民丰，兵多将广，只是由于皇上无能，贾似道擅权枉政，才离心离德，民生尽失。我看要打南宋，应该是一场势均力敌的持久战！从中央突破，这个办法好！但是，以我方的国力、财力、兵力，攻占襄阳尚需时日。

刘整说道：“襄樊之地，夹汉水互为依存，‘跨连荆豫，控扼南北’，位于南北交通要冲，处黄淮与江汉平原交汇之处，兼有荆山与汉江之险，历来是兵家必争之地。南宋在此经营多年，固若金汤。我军应先围襄阳，然后破之。说得更清楚点，就是采用围城打援的战术，逐渐

199

第八章 挥鞭南宋，一统天下

消耗宋廷的财源、兵源，最终一举消灭南宋，统一全国。"

忽必烈看到大家不再说什么，就把视线转向了右中书右丞相安童。这个从十三岁就被自己提拔为怯薛长，十八岁就任右中书右丞相的年轻人会怎样看呢？安童看到了忽必烈征询的目光，往前一步说道："安童同意刘将军的意见！"

"好！"忽必烈双手撑住金椅扶手，慢慢站起身。

"众卿听旨：朕意已决，即日设立元帅府，全面实施中路突破的战略，在宋人的江北防线上打开缺口，大军长驱直入，一举突破长江天险！阿术、刘整，我命你二人全权指挥攻宋军队；阿里海牙，朕命你别置行省掌金军、屯田、供饷诸事，同时负责入奏军机。后勤保障及兵员调遣则由中书省和枢密院协商解决，不得延误，否则，军法论处！"

众将离席，齐声接旨。忽必烈如此分派，自有他的道理。阿术曾随忽必烈远征大理，又多年在黄、淮间指挥军队与宋军对峙，有丰富的对宋作战经验。刘整入朝之初即对攻宋之策成竹在胸，远在大计确定之前，他已命部属日夜操练，做好大军渡江作战的准备。阿里海牙，这位在整个会议期间一言不发的畏兀儿高级将领，则擅长协调诸军、确保供给……

对南宋的整个战略部署了如指掌的刘整确定的攻宋方略，他直接点出了南宋防线上的要害和最大软肋，使得元军由原来的多点进攻变成集全力而攻敌之要害，而后来的战事也表明刘整的计策是非常高明的。咸淳三年，也就是公元1267年年末，主帅阿术与副帅刘整率军南下，亲自安排进攻襄樊的事宜，灭宋的大战从此拉开了……

突破襄樊，浮汉入江

　　襄阳古城墙在宋理宗时期，南宋与蒙古结成同盟，一致来攻打曾经灭亡北宋，给宋王朝带来不世羞辱的金国。到公元1234年，金哀宗在蔡州被宋蒙联军击败自杀，金国彻底覆灭。历史总是会不断循环，早在北宋徽宗的时候，宋王朝也是与金国联合共同灭了大辽，不久就兵强马壮的金国铁骑攻灭了都城、掳了二帝，后世称作"靖康之耻"。到现在宋与蒙古联合灭金之后，宋蒙联盟马上就破裂。宋蒙战争拉开了序幕。公元1235年，蒙古大汗窝阔台，集合了蒙古、女真、西夏、渤海等各部人马共计50万以上，兵分三路攻宋，终于开始了历时45年的灭宋战争。其中由窝阔台三子阔出带领的中路军，兵锋是直指南宋的军事要地，就是京湖地区襄樊重镇——襄阳。

　　襄阳是军事重地，经过南宋长期经营，城池筑得又高又厚，还储备了大量的作战物资和粮食，城池四面环水，水中布满了大量暗礁、木桩、铁丝网。别说攻城，就连靠近都非常困难。硬攻是不可能的。

　　于是，忽必烈决定襄樊战役宜采取合围困敌，然后围点打援的战略。先通过贿赂南宋荆湖制置使吕文德，在襄樊城外置榷场，通商贸易，然后以防止盗贼、保护货物为名，在襄樊外围筑造土墙，合围襄阳。吕文德不识诡计，竟然同意。于是，元人在襄樊东南的鹿门山修筑土墙，内建堡垒，建立了包围襄樊的第一个据点。这样，蒙军不费一兵一卒，便将战线推进到襄樊城脚下。

元军采取围困办法，主要是分三点，即筑新城以困襄阳，筑堡万山以断汉水西向的交通，立栅灌子滩以绝东流的通道。具体办法是，水路方面在万山到百丈山的江中用木桩铁索筑起一道长栅，在江心咽喉处筑一座高台，上置火炮、强弩，高台两侧多置石墩，防止敌船驰援襄阳，切断襄阳通过水上与外界联系。陆路方面要在原有土城的基础上，在襄阳城东的白河口、鹿门山筑堡，切断与汉东地区的联系；在万山和百丈山筑长围，切断襄阳粮道，令南北不相通；在岘山、虎头山筑城，联络诸堡，断襄、樊樵苏之路；在汉江之西加筑新城，完成对两城的合围。这样，整个襄阳就像铁桶一般。

自从公元1251年高达收复襄阳后，南宋朝廷对襄阳的战略性开始重视。宋理宗调拨了大量人力物力，经过十几年的大力经营，襄阳重新成为城高池深兵精粮足的重镇，成为宋长江中上游的门户和屏壁。在这十几年中，另外一个军事集团开始成为襄阳防守的主要力量，那就是吕文德集团。

元军筑堡、锁江，吕文焕十分着急，多次遣人外出求援。可是，吕文德丧失了应有的警惕和军事判断力，把此次蒙古人志在灭宋的侵略战争误作边境地区经常有的军事骚扰，不但不以为意，还对吕文焕的信使破口大骂："汝等妄言邀功！倘若真有此事，也不过是假城而已。襄阳、襄樊的军需储备可支持十年！回去告诉吕六（吕文焕），只须固守。若元军胆敢轻举妄动，待春汛一到，我亲自出征，恐怕到时候他们就要闻风而逃了。"于是蒙军很快就筑起了堡垒，一下字就断绝了襄樊的粮道。等到吕文德明白过来，知道自己误事了，又气又急，一病不起。

公元1267年秋，阿术率军攻打襄阳，清除襄阳外围设施，小有胜利。但宋军乘蒙古回军之际，在襄阳以西的安阳水军扼其退路，然后派骑兵直冲其阵，蒙古军队大乱，连都元帅阿术都险些被宋军活捉。蒙将怀都选善识水性的士卒泅水夺得宋军战舰，其余将领奋勇拼杀，才将宋军击退，转败为胜。

公元1267年冬，南宋任命吕文焕知襄阳府，兼京西安抚副使。次年十一月，为打破蒙古军对鹿门、白河的包围，吕文焕命襄阳守军进攻蒙古军，但被蒙古军队打败，宋军伤亡惨重。

公元1268年，忽必烈派阿术为主将、刘整为副将率领蒙古军队和降蒙的南宋水师攻打襄樊，最后一次襄樊战役拉开序幕。在得知襄樊被围后，宋王朝急忙下令四川和两淮的援军增援襄樊。

同时京湖安抚制置副使、襄阳知府吕文焕，也几次主动出击，力图打破蒙军的包围，但是都没有成功。公元1269年三月，宋将张世杰率军与包围樊城的蒙古军作战，又被阿术打败。七月，沿江制置使夏贵率军乘秋雨不断，汉水暴涨，救援襄阳。夏贵采用声东击西之计，分遣舟师在东岸的林谷间出没，试图吸引蒙古军的注意力，然后出其不意地攻击蒙古军筑于西岸的城堡。可此计被阿术识破，他下令元军舟师集结于虎尾洲，为准备偷袭的宋军张开了一个口袋。次日，夏贵的主力果然进入了元军的埋伏圈，结果被打得大败，有50多艘战舰沉毁，溺毙者不计其数。

公元1270年春，吕文焕兵出襄阳，攻打万山堡，企图撕开包围圈。蒙古军诱敌深入，大败宋军；九月，宋殿前副都指挥使范文虎率水军十几万人增援襄阳，但主将畏敌，不敢力战，还没有交战，就先行撤退，结果被蒙古军水陆两军夹击，十几万兵马全军覆没。

这期间唯一一次成功的救援是，公元1271年四月，著名的"二张援襄"。公元1271年四月，宋将李庭芝自行招募襄阳、郢州等地民兵3000余人，以张顺、张贵为首领，自发组织了救援襄阳的行动。

此时的襄阳已被困5年之久，城内弹尽粮绝。吕文焕数次向朝廷求救，但都如泥牛入海。有识之士也都纷纷上书奏请朝廷出兵，但都是无果而终。

张顺与张贵都是南宋地方武装组织将领，长期抵抗蒙古入侵，有丰富的实战经验。他们和麾下3000将士都很清楚，这次救援凶多吉少。他们要面对的是，由几十万凶悍元军组成的几乎不可逾越的封锁线。面对如此强敌，以区区3000人去突破封锁无异于去送死。但是，他们更清楚，此刻深陷重围5年之久的襄阳军民对援兵那种望穿秋水般的渴望。于是，出征前，作为主将的张顺以必死的决心勉励全军将士。他明确告知将士："这次救援襄阳的行动，任务十分艰巨，每个人都要有必死的决心和斗志，你们当中的有些人并非出于自愿，那就赶快离开，不要影响这次救援大事。"

主将不惧生死，战士自然群情振奋，3000将士同仇敌忾，士气大振，纷纷表达愿与敌军决死一战的心愿。

一切准备就绪后，五月，张顺、张贵在高头港集结了百余艘轻型舰船组成的舰队，船上满载粮食、药品、食盐、饷银和布匹等物资。张顺、张贵把船只连成方阵，张贵在前，张顺在后，率舰队冒死冲入元军重围。他们用三弓床弩炮向敌舰发射火箭，密集的火箭呼啸着飞向元军舰队，击中目标后发生密集的爆炸并引起大火。元军大量大型战舰迅速被点燃，成为一座座漂浮在水上的"火山"。江面上烈焰冲天，浓烟滚滚，成为一片火海！宋军一面用火枪、火炮猛轰元军舰船，一面趁乱用事先准备好的板斧斩断元军布设在江中的无数拦截铁索，转战120余里，终于在五月二十五日抵达襄阳！这是襄阳被困5年来第一次得到外来增援，极大地鼓舞了襄、樊军民的士气。他们送去的物资缓解了城内军民的危局。宋军支援舰队的全体将士用自己的生命完成了一次在交战双方看来都是不可能完成的航行！激战中，作为舰队主将的张顺不幸在战斗中身中四枪六箭，壮烈殉国。几天以后，襄阳军民找到他的遗体。战死的张顺依然身披铠甲，手执长弓，保持着作战时的姿势。襄阳军民为纪念张顺，将他厚葬并立庙祭祀。而另一名主将张贵，则在后来打通襄阳与郢州的水上交通线战斗中，由于叛徒出卖陷入元军重围。在力战身中十余枪后被俘，英勇不屈，被残忍杀害。从此，襄阳、襄樊前线永远断绝了与外界的联系，直至公元1273年二月襄阳陷落。

襄樊失陷后，南宋门户洞开，形势急转直下。元军顺汉水长驱东下，强渡长江，次年鄂州投降。至此，忽必烈的既定目标——上阻四川、下达江左的战略目标得以实现。

襄樊陷落后，忽必烈采纳将、臣建策，增兵10万，乘胜大举攻宋。但是，在用谁作为灭宋总指挥却是一个难题。伐宋是一场大战争，选好领兵大元帅是取胜的关键。安童是木华黎的孙子，13岁就任怯薛长，18岁任中书右丞相；伯颜，是开国功臣阿拉黑的孙子，生长于伊儿汗国，以深略善断著称，后来在任旭烈兀使者时，被忽必烈赏识，留作侍臣，与谋国事，先后任中书左丞相，后迁中书右丞，此时任同知枢密院事。

安、伯二人都在30岁上下，年富力强，精力旺盛。难得的是，二人都虑事周密，处事稳妥，斟酌再三，忽必烈还是决定让伯颜为伐宋最高统帅。命驻蜀元军进攻两川要地，以阻宋军东援；命合丹、刘整行淮西枢密院，博罗欢为淮东都元帅，分别进攻两淮，牵制宋军，配合主力攻宋；命荆湖行省左丞相伯颜、平章政事阿术率军20万，自襄阳顺汉水入长江，直取临安。并告诫伯颜勿妄杀，以争取人心。

九月，伯颜点水、步、骑兵20万，分兵三路攻宋。伯颜居中路，与副帅阿术率主力沿汉水南进，向南宋展开了全面进攻。襄樊陷落之后，郢州都指挥张世杰早做好了准备。他叠石为城，并一再加固，又在汉江之南另立新城，中横铁索锁住战舰，在汉水中密植大量的木桩、鹿寨，加以炮弩防守，整个城防固若金汤。

伯颜大军攻打到郢州，见郢州城防严密，虽几次攻打，都无效果。于是，就在当地农人的指点下，绕道郢州下游的黄家湾，趁沟宽水深的西沟渠淋雨水涨，命士兵修治平江堰，破竹为席，铺设地面，合众拖船入藤湖，迂回入汉，占领沙洋，而后竟然搁置郢州不打，兵锋转而向东，直指阳逻堡。此举避坚城不攻，迅速南进，进一步打乱了宋军的防御部署。

伯颜大军到达阳逻堡，一看宋军早有防备，只得驻扎。伯颜与阿术、阿里海牙等一面围坐在地图前，研究着对策，一面派出本地军士，遍访长江沿岸老船工、老舵手，询问他们适合过江地点。

伯颜一听大喜，连忙快请。老船工入帐说道："其实，过江不用非走阳逻堡，还有一处地方，那就是阳逻堡西面的沙芜口。你们可以过沦河，越过一片湖区，转至沙芜口过江。"

忽必烈的雕像

伯颜重赏了老船工，立刻派出密探沿老船工指点的路线侦察，很快，派去的侦探回来报告，说是沙芜口也有重兵把守。但较之阳逻堡，地形并不十分险要，防守力量也弱多了。

阿术十分犹豫："沙芜口邻近阳逻堡，一旦沙芜口守备坚固，攻之不下，阳逻堡又出兵相援，我军就会进退两难。"

阿里海牙说道："相对来说，还是沙芜口利于我军作战，但是如何牵制阳逻堡的敌军，使之不能出援呢？"

史天泽说道："汉朝有个班超，采用声东击西战术，以少胜多，大败龟兹，兵法曰'将欲西而示之以东'，我们若能派出重兵攻打汉阳，扬言从此过江，敌必不敢出援，甚至还要沙芜口之敌出援汉阳，此时若再攻打，便可一举拿下。"

听说拿下沙芜口，伯颜立刻下令军士从汉水下游开坝导水，接通下游水域。10万大军一夜就打通水道，元军舟师得以由此进入长江。伯颜于是解汉阳围，带大军赶赴沦河湾口，战舰千艘、步骑数十万，陈兵长江北岸。至此，元军下一个目标就是如何过江。还是先拿下阳逻堡。伯颜先遣人招降，但被守将王达严词拒绝。伯颜只好攻打，怎奈阳逻堡地形险要，城堡坚固，守将英勇，一连攻了三天，也没有攻下来。

看来无法硬攻，伯颜又打起了声东击西的主意。他把目光盯在了阳逻堡上游的一个叫青山矶的地方。于是，他又和阿术秘密商议。伯颜说："夏贵以为我们必须攻下阳逻堡才能渡江。可是它坚而难攻，再攻下去，也是徒劳。茫茫千里江岸，为什么我们不来个避实就虚，另寻渡河点呢？"

阿术说道："不知元帅计划从何地渡江？"伯颜用手在地图上指划着说："你看这儿怎样？"阿术低着头，认真地看着长江南岸的这个小点，微微地点了点头。"此地位于阳逻堡上游，风高浪急，船逆行，夏贵必定不会想到我们从此渡江，那我们就偏在此渡江。将军可亲自率三千铁骑，坐船逆江而上，趁我主力与阳逻堡之敌交战，敌疏于防守之际，乘机由此渡江，占领青山矶，建立稳固桥头堡，然后想法架设浮桥，等待大部队过江。"

经过一夜的长途跋涉，元军体力消耗很多，再加上宋军以逸待劳，元军便渐渐不支。幸亏阿术带领后续部队及时赶到，他一面立刻投入战斗，一面让后续战船上的将士下船，连人带马泅渡长江，抢占滩头。

看到元军下到刺骨的江水中，岸上的守军连忙射箭。但是，由于大部队已经上船作战，这些守军根本阻挡不住元军猛烈的进攻。元军一到对岸，立刻跳上战马，以骑兵对步兵，宋军更是无力支撑，只得撒腿就跑，向鄂州逃去。

江中的宋军一看南岸被元军占领，恐受到夹击，便无心恋战，向下游退去。阿术也不追赶，乘机指挥船只抢滩上岸。上岸后，他一面派人报告伯颜强渡成功，一面下令架设浮桥，等待大部队过江。

伯颜闻讯大喜，立即指挥诸将猛攻阳逻堡，一面带领大部队快速行军，从青山矶过江。赴援的宋将夏贵听说元军已经渡江，大惊失色，急引手下军船300艘率先遁逃，沿流东下，败回庐州。围攻阳逻堡的阿里海牙趁机加强进攻，先用炮猛烈轰击防守薄弱处，然后乘势入城，都统制王达和他率领的8000宋军，与元军进行殊死搏斗后，全部壮烈战死。

此次战役，伯颜以声东击西之策，使元军进占沙芜口，屯驻江边。继而避实击虚，强渡长江成功，致宋长江防线彻底崩溃，长江天险失去了屏障作用。遂分割包围破阳逻堡、汉阳军，攻占鄂州，完成了灭宋战争的重大转折。

进占建康，会攻临安

公元1273年，元军攻陷襄樊后，右丞相伯颜率水陆大军沿长江顺流东下，势如破竹。伯颜鉴于四川、湖南、江陵等地未下，为保障后方安全，命右丞阿里海牙领兵4万镇守鄂州。自率十余万大军，令降将吕文焕为先锋，以战抚兼施之策，沿江东进。

公元1275年，元军攻打建康，宋朝建康留守赵潜弃城而逃，都统司都统制徐王荣等开城请降，元军兵不血刃，占领建康。元军进占建康后，伯颜派兵进攻建康周围的重要城镇，随即攻陷镇江，控制了江东地区，建立起稳固的南进基地。与此同时，为防止两淮宋军南下救援，忽必烈命阿术率军渡江，进围扬州。阿术在扬州东南的瓜洲修造楼橹，缮治战具，又在扬州城外围树栅，修筑坚固的堡垒长围，截断了宋军增援部队，又派水师堵截江面，控制了长江天险，断绝了宋军渡江南救临安的通道。南宋朝廷立国，是以长江为防线，两淮为藩篱，"重兵皆住扬州，临安倚之为重"。

元军占领建康，进围扬州，攻占两淮，南宋都城临安完全失去了屏障。元军在建康休整后，兵精粮足，战斗力更加强盛，随时准备攻取临安，处在进攻的有利地位。在元军大兵压境的形势下，南宋朝廷内部矛盾重重，主战主和举棋不定。虽然朝廷屡次诏令各地宋军入卫临安，终因元军全面进攻，荆湖、川陕战场宋军自顾不暇，两淮宋军被元军阻隔无法渡江赴援，只有郢州张世杰、江西文天祥等将帅和两浙、福建部分厢禁兵到达临安守卫。但这些小规模增援根本无法扭转整个战争局面。公元1275年5月，宋廷命主战派张世杰率军出击元军外围防线，没能打通。6月，淮东制置使李庭芝命姜才等打通援救扬州的通道，两军在扬子桥激战，宋军死伤万余人，姜才只带数骑逃回扬州。

为确保临安，南宋组织焦山之战。张世杰约殿前都指挥使张彦率兵出镇江，以图控制长江南岸，扬州李庭芝出兵瓜洲，从江北配合，自己率水师陈兵镇江以东的焦山江面，约定三路俱进，与元军决战。但扬州宋军没有按时赶到，镇江张彦拒不发兵，使张世杰孤军深入。元将阿术、阿塔海、张弘范等在石公山居高临下指挥战斗，命万户刘深沿长江北岸绕至宋军背后，董文炳、刘国杰从焦山左右两边进击，万户忽剌直冲宋军大阵。元军乘风放火箭，宋船纷纷起火，阵势顿时大乱，宋师全军覆没，损失战舰700余艘。焦山之败，宋朝军队损失殆尽，朝廷或主议和，或主南逃，分崩离析，一筹莫展，南宋灭亡指日可待了。

七月，张世杰与平江都统刘师勇、知泰州孙虎臣率战舰万艘，以十舟为一舫，连以铁索，碇于江中，横列焦山江面，欲与元军决战，被阿术以水陆协同进击，配以火攻击败，损失惨重。忽必烈最后下定灭宋决心，命伯颜率领元军直逼临安。伯颜受命后，召集攻宋将帅部署方略，确定了"分诸军为三道，会于临安"的作战部署。这年十一月，伯颜分兵三路会攻临安，西路由参政阿剌罕，四万户总管奥鲁赤率领蒙古骑兵出建康，向溧阳、独松关进军；东路由参政董文炳、万户张弘范、都统范文虎率水师沿江入海，向海盐、澉浦进军；中路伯颜带领诸军，率水陆两军出镇江，向常州、平江进军。

西路军主帅阿剌罕率军南下，直趋溧阳，遭到南宋守军的抵抗，结果宋军损兵折将，残部南撤。元军乘胜追击，在溧阳西南银林东坝再次打败宋军。元军在追击途中受到南宋援军的阻击，双方展开激战，后来元军派蒙古骑兵冲杀，宋军抵挡不住，突围南逃。溧阳之战，宋军损失将校70余人，士卒近2万人，伤亡惨重。西路军于十一月下旬逼近建康通往临安的要隘独松关，南宋守将张濡率兵北上阻击元军，与元军骑兵交战。宋军虽是精兵强将，但只有数千人，而且都是步兵，虽然奋勇冲杀，但却难以阻挡强大的蒙古骑兵，终于被击溃，主将张濡被杀，士兵死伤2000余人，元军控制了临安的北大门。

中路军伯颜率兵进攻常州，常州是拱卫临安的前阵，是元军整个攻取临安计划的关键，伯颜派兵击溃宋增援部队后，亲自指挥攻城。元军在城南筑高台，把炮放在台上向城内猛轰，又用火箭射入城中，常州城内一片火海。伯颜命元军架云梯、绳桥攻城，元军攻入城内。常州守将姚岩率将士浴血奋战，终因寡不敌众，没有外援而失败。姚岩、王安节等阵亡，僧人万安、莫谦之长老率僧兵赴援，500名僧兵全部战死。伯颜下令屠城，只有7人幸免于难。常州之战是宋元战争中最悲壮的一役，影响很大。

公元1275年冬，正当常州军民艰苦抗敌之际，南宋派张全率2000余人由淮入援常州，文天祥也派部将尹玉率兵偕同赴援。伯颜得报后，命怀都、王良臣领兵在五牧阻击宋军。战争开始后，文天祥部将麻士龙与元军交战，由于张全按兵不救，麻士龙战死。在元军攻击下，张全退到五牧，文天祥部将朱华奋起抗击，挡住了元军。尹玉指挥宋军与元军决战，元军损失惨重。元将王良臣配合怀都水陆夹击宋军，宋将张全始终按兵不动，尹玉失败，溃军南逃，尹玉力战被俘，为元军所杀，所部将士大部分战死。张全见大势已去，率军逃离五牧，致使救援失败，没能解常州之围。

伯颜攻破常州后，派都元帅阇里帖木儿、万户怀都率兵攻无锡、平江，在元军大兵压境下，两地宋军投降元军。

东路水军以范文虎为先锋，顺江东进，由于长江两岸已无宋军把守，元军进军顺利。当时长江口活跃着一支由贫苦渔民组成的水军，由朱清、张瑄率领，不受宋朝管辖。元军主帅董文炳认为可以利用这支力量，便招降了这支海上武装，朱、张二人带领人马和海船随元军南下攻取临安，增强了元军海战能力。东路军出长江口后沿海南下，十二月逼近钱塘江口，从海道包围了临安。

公元1275年十二月，元朝三路大军近逼临安，随时准备攻占临安。公元1276年正月，东路军董文炳一部登陆，抵达盐官县，宋守军投降。

董文炳率东路军与中路伯颜大军会师，西路军阿剌罕也率部与中路军会师。在大军压境形势下，南宋朝廷一片混乱，丞相陈宜中请太皇太后出海避敌，张世杰、文天祥主张决死一战。宋廷既没有兵力抵抗，求和又被元军拒绝，于是奉玺书向伯颜请降。伯颜遣董文炳、吕文焕、范文虎入城安抚百姓，禁止杀掠，封闭仓库，收缴宋廷衮冕、圭璧、仪仗、图籍以及大批财宝、器物，运往大都。伯颜亲自入临安城安置宋廷人员，把宋帝皇太后全氏以及其他朝官、宫廷人员监护启程，浩浩荡荡北上。至此，临安被元军攻取，南宋朝廷灭亡。

伯颜攻取临安之战，是宋元鼎革之际的最后一次重大战役，自公元1275年春元军攻占建康，到公元1276年春进占临安，历时1年，中经溧阳之战、独松关之战、常州之战、五牧之战等激战，以南宋朝廷投降元朝而告结束。从战略来看，元朝采用围困逼降的策略，步步进逼，除武力进攻外，一直遣使招降。如忽必烈派礼部尚书廉希宪、工部侍郎严忠范到宋朝劝降，伯颜派张羽等人招降。在南宋朝廷举棋不定之际，伯颜屡次派人劝降，只不过是为稳住宋朝君臣。元军利用战抚并用策略，取得了整个战局的主动权。

追歼二王，南宋灭亡

元军在襄樊之战大破宋军以后，直逼南宋首都临安，公元1276年，宋朝朝廷求和不成，于是5岁的小皇帝宋恭帝投降。宋度宗的杨淑妃在国舅杨亮节的护卫下，带着自己的儿子即宋朝二王（益王赵昰、广王赵昺）出逃，在金华与大臣陆秀夫、张世杰、陈宜中、文天祥等会合。接着进封赵昰为天下兵马都元帅，赵昺为副元帅。元军统帅伯颜继续对二王穷追不舍，于是二王只好逃到福州。

公元1276年五月，陈宜中、张世杰、陆秀夫、文天祥等在福州拥立益王赵昰为帝，改元景炎。封广王赵昺为卫王，陈宜中为左丞相兼枢密使、都督诸路军马，张世杰为枢密副使，陆秀夫为签书枢密院事，文天祥为枢密使、同都督。遣将向江西、两浙南部进兵抗元。

赵昰做皇帝以后，元朝加紧灭宋步伐。公元1277年，福州沦陷，宋端宗的南宋流亡小朝廷直奔泉州。张世杰要求借船，却遭到泉州市舶司、阿拉伯裔商人蒲寿庚拒绝，随即早有异心的蒲寿庚投降元朝。张世杰抢夺船只出海，南宋流亡朝廷只好去广东。宋端宗准备逃到雷州，不料遇到台风，帝舟倾覆，端宗差点溺死并因此得病。左丞相陈宜中建议带宋端宗到占城（今越南南部），并自己前往占城，但后来二王数次召其回来都不返；最后逃到暹罗（今泰国），最后死在那里。端宗因落水染病，不久崩逝，由7岁的弟弟卫王赵昺登基，年号祥兴。赵昺登基以后，左丞相陆秀夫和太傅（太子的老师）张世杰护卫着赵昺逃到崖山，在当地成立据点，准备继续抗元。不久，在现时广东和江西二省抗元的文天祥得不到流亡朝廷的支援，被张弘范部将王惟义在海丰县的五坡岭生擒，在陆地的抗元势力覆灭。

公元1279年，元朝派汉人投降大将张弘范进攻赵昺朝廷。后来在不久以前攻占广州的西夏后裔李恒也带领援军加入张弘范军。此时宋军兵力号称20多万，实际其中十数万为文官、宫女、太监和其他非战斗人员，各类船只两千余艘；元军张弘范和李恒有兵力十余万，战船数百艘。这时宋军中有建议认为应该先占领海湾出口，保护向西方的撤退路线。张世杰为防止士兵逃亡，否决建议，并下令尽焚陆地上的宫殿、房屋、据点；又下令将千多艘宋军船只以"连环船"的办法用大绳索一字形连贯在海湾内，并且安排赵昺的"龙舟"放在军队中间。元军以小船载茅草和膏脂，乘风纵火冲向宋船。但宋船皆涂泥，并在每条船上横放一根长木，以抵御元军的火攻。元朝水师火攻不成，以水师封锁海湾，又以陆军断绝宋军汲水及砍柴的道路。宋军吃干粮十余日，饮海水之士兵呕泄。张世杰率苏刘义和方兴日大战元军，张弘范擒张世杰甥韩某，以其向张世杰三次招降不果。

公元1279年二月六日癸未，张弘范预备猛攻，元军中有人建议先用火炮，弘范认为火炮打乱宋军的一字阵型，令其容易撤退。第二日，张弘范将其军分成4部，宋军的东、南、北三面皆驻一军；张弘范自领一军与宋军相去里余，并以奏乐为总攻讯号。首先北军乘潮进攻宋军北边失败，李恒等顺潮而退。元军假装奏乐，宋军听后以为元军正在宴会，稍微松懈了。正午时间，张弘范的水师于是正面进攻，接着用布遮蔽预先建成并埋下伏兵的船楼，以鸣金为进攻讯号。各伏兵负盾俯伏，在矢雨下驶近宋船。两边船舰接近，元军鸣金撤布交战，一时间连破7艘宋船。宋师大败，元军一路打到宋军中央。这时张世杰早见大势已去，抽调精兵，并已经预先和苏刘义带领余部十余只船舰斩断大索突围而去。赵昺的船在军队中间，陆秀夫见无法突围，便背着8岁的赵昺投海，随行十多万军民亦相继跳海壮烈殉国！《宋史》记载战后，十余万具尸体浮海。张世杰希望奉杨太后的名义再找宋朝赵氏后人为主，再图后举；但杨太后在听闻宋帝昺的死讯后亦赴海自杀，张世杰将其葬在海边。不久张世杰在大风雨中不幸溺卒于平章山下。至此，南宋灭亡。

第九章
整顿朝纲，计定乾坤

忽必烈明白，如何建立一个既能保持蒙古之成法，又能适应中原地区经济文化发展水平的一整套国家机器，这是他面临的最大的问题，为了解决这一问题，忽必烈实施了一系列的措施。

恢复经济，重视农业

逐水草而居的蒙古人对于定居的农业文明很陌生，所以在征服之初，他们对汉族地区实行野蛮的武力镇压和经济掠夺，给中国北方经济造成极大破坏。成吉思汗灭金之际，曾有蒙古贵族向成吉思汗提出"汉人无补于国"的观点，主张将中原田地全部改造为放养蒙古牛马的牧场。在耶律楚材等一批宋、金降附士大夫的规劝之下，蒙古统治者为每年不可计数的国家赋税所动，最终改变了初衷，使汉族地区的农业生产得以保持较为正常的发展态势。

但蒙古族真正改变政策，由马背走向田间，则是从元世祖忽必烈重视农业、劝课农桑、建村社开始的。

公元1261年，新任命的大劝农官张文谦出班奏道：皇上，臣自接受劝农官以来，夙夜忧叹，今思得发展农业十法，特向陛下禀明：

其一：亲祭先农。皇上不但要明宣农为国本，首诏天下倡农，还应择机祭祀先农，让蒙古胄子代耕藉田，大造声势，让农业成为时尚，为农业发展铺路。

其二：重申政令。重申禁止诸王贵族因围猎践踏田亩，严禁私改农田为牧场的禁令，同时应停止官府供给移居中原蒙古人粮食的做法，直接分给耕地，让他们自己耕种获得俸禄，让他们从马背走向田间。

其三：实行屯田，减轻农民军粮负担。要剿灭南宋，巩固我蒙古帝国的边防，靠远途运输，劳民伤财，得不偿失，因为会加重百姓粮食生产和运输徭役负担。为解决这一矛盾，臣下以为，当实行屯田制度。明令各军种、兵种，改秋来春去之兵，为分据要地，敌人来犯，则战；敌人退走，则耕田。待收获粮食，供给充足，边备自然会巩固。等秋天到来，再大举出兵，则敌无有不破之理。

其四：选拔专家。命各路宣抚司访贤求能，寻找通晓农业事务的有专门技术的专家，任命为劝农官，分赴各路，劝农植桑并指导农业。

其五：传播技术。搜集天下古今所有的农桑之书，征集各地农业生产的成功经验，编辑成册，指导农民耕作。

其六：打造农具。国家应打造农具，发至穷乡僻壤，也可定价出售，作为增加国家财政收入的手段，推动农业经济的恢复和发展。

其七：增设劝农司。中央和地方设立劝农机构，派遣各级农官到各路督励农桑，各级官府衙门要悬挂耕织之图，使为吏者出入观览而知其本。

其八：设置义仓备荒。加强仓储制度建设。要重视粮储问题，丰年入仓，待有灾变，则开仓赈灾，救民于水火。

其九：兴修水利。中央设都水监、河渠司，以兴修水利，修河治渠为务，并责成劝农官及知水利者巡行于各路督察"农桑之制"。

其十：改革田制。允许农民开垦荒地，并给予多种优惠，承认他有永久使用权。这样自然能大大调动农民垦荒的劳动积极性。

忽必烈对好这十奏疏大为称赞，依照张文谦的意思，由中书省协办相关事宜，诏谕全国实行。

忽必烈从小就受这些汉儒幕僚的影响，他以唐太宗为榜样，"思大有为于天下"，因此，对于中原的政治经济制度，有比较深刻的印象；再加上他在经略漠南时期，他的"附会汉法"制度，获得了巨大的成功，为他打败阿里不哥，夺取汗位提供了有力的物质保障。因此，对于中原地区的农业生产，他有着不同于一般蒙古游牧贵族的见解。

夺取汗位后，忽必烈统治地域扩大了，统治所面临的新问题也产生了：是继续保持游牧的传统，废农田为牧场，还是由马背走向田间，适应中原的农业社会的发展？

卓有远见的忽必烈当然知道哪个更有利于他的统治！

他专门成立了劝农司，派出许多劝农使分赴各地整顿农桑。几天后，陆续传回了消息，各地劝农使恪尽职守，各路都已经完成春播，全国新增耕地二三十万亩。

忽必烈雕像群

忽必烈规定诸县所属村疃，凡五十家立为一社。推年高、通晓农事、家有兼丁者为社长，组织农民耕垦，修河治渠，经营副业，教督村社农事；增至百家者，别设长一员。不及五十家者，与近村合为一社。地远人稀，不能相合，各自为社者听。其合为社者，社长仍择于村中。平时田边树立木牌，上书某社某人，社长以时点视劝诫；社中的疾病凶丧之家，由众人合力相助，一社内如受灾民户较多，则两社助之；社长的徭役予以免除，地方官府不可另派科差。

蒙古游牧民族刚入中原之时，蒙古贵族往往跑马圈地，把原来土地上的汉人赶走，任其荒芜，开辟为牧场，放牛放羊，致使大量依靠土地谋生的汉人流离失所，被迫逃离了家园；造成土地荒芜，人口锐减；也造成了汉人的誓死抵抗，不愿降服局面。如今自忽必烈称汗以后，大力发展农业，劝课农桑，兴修水利，改革田制，并轻徭薄赋；政府采用"以农桑为急务"的政策，坚持"使百姓安业力农"的思想，把农业发展的好坏，"户口增、田野辟"作为考核地方官吏、决定升迁的首要条件。这些政策和措施使饱受战乱之苦、流离失所的百姓重新获得了土地，一度荒芜的田野又种上了庄稼。

忽必烈在全国大兴学校，普及教育。规定每个社都要有为村里的儿童们建立学校的义务。

忽必烈采取的这一系列发展农业的政策和措施，使素有"马背上的民族"之称的游牧民族，较快地接受了中原地区先进的农业生产技术，由马背走向田间，使全国各民族融合在一起，推动了农业生产向前发展，同时使经济在长期战争影响下得以发展。

重用蒙人，治理财政

忽必烈要南征北战，需要有强大的经济基础作保障。俗话说，兵马未动，粮草先行。如果几十万大军的粮饷供应不上，后果不堪设想。因此，要想对南宋发动战争，要想对海都动武，他首先必须解决财政问题。忽必烈面临的最迫切的问题是财政问题。他执政头20年所推行的政策使得开支大增。他启动的建设项目，包括上都和大都的营建，每一项都是耗资巨大。忽必烈对艺术的支持，他越来越奢华的宴乐和狩猎活动，消耗了大量的宫廷和国库收入。设立驿站、修筑道路、促进农业经济以及公共工程项目的维护等，都大大增加了朝廷的开支。

而忽必烈的军事活动的花费更令元廷财政吃紧。他对他的弟弟阿里不哥和叛将李璮的镇压，对维护他中国之主的地位无疑是极为关键的。他对于高丽国王的军事支援，他派遣自己的儿子那木罕去对付威胁中亚的海都等等，对巩固边防都具有十分重要的意义。他征服了顽固地拒绝其和平建议并拒绝向其称臣的南宋，从而控制了一个重要地区。这些远征的代价都非常高昂，但是政治上的收获足以补偿过高的花费。然而，他对日本实施的入侵计划却并非那么要紧，而这次跨海远征作战的费用就不那么容易证明是非常合理的了。但是，作为一位蒙古领袖，忽必烈必须报复日本对自己威望的打击，因为日本拒绝接受他作为其名义上的统治者。公共建设、建筑计划以及军事远征加在一起，使得元廷财政难以承受，因此，增加额外的收入势在必行。

公元1261年，忽必烈朝议的重点又转向了如何提高财政税收，如何为他开动战争机器提供大量的动力问题。这一次，太子真金，那些汉儒们，还有财政大臣——才任命的兼管中书左右部，兼任诸路都转运使，专门委任处理财政赋税事务的大臣阿合马都来到了他的面前。

真金首先说道："父皇，儿臣曾细研《资治通鉴》，唐太宗曾说过，民，水也；君，舟也。水能载舟，亦能覆舟。所以，人君当为政以德，作为一国之君，儿臣以为，必须心存百姓，实行仁政。若损百姓奉其身，犹割股以啖腹，腹饱而身毙也。所以臣下认为，当下之计，宜下令轻徭薄赋，让老百姓休养生息。"

史天泽也说："陛下，太子所言极是！立国之初，宜让百姓休养生息，待三五十年，国力复苏，财政经济自然好转。切不可饮鸩止渴，竭泽而渔呀！"

这些忽必烈都曾考虑过，他不是不清楚这些问题，他从小就听刘秉忠讲唐太宗治国，并以唐太宗为政治榜样。但是，形势不容他如此，海都在中亚蠢蠢欲动，南宋还在威胁着蒙古帝国的安全，这两项的开销正如姚枢所说，实在不是个小数，若中途供应不上，几十万大军将毁于一旦，后果太严重了。此时忽必烈最需要的就是钱，他需要的是取之不尽用之不竭的财力！有了钱，才能创造出比成吉思汗还要大的业绩。此时他已经等不及了，在当时，谁能够为他找到财源，那就是忠臣、能臣。

为了获得所需资金，忽必烈不得不寻求理财大臣阿合马的帮助。阿合马最善分析形势，揣测忽必烈的心思，他对忽必烈说："陛下，钱粮的事，臣绝对不让您操心。不是臣夸口，征讨海都、伐宋的军需费用，都包在臣一人身上。臣敢对陛下说，臣就是您取之不尽用之不竭的摇钱树！臣下近闻太原的百姓熬煮私盐，越境到处贩卖。各地百姓贪图他们的盐价钱便宜，争相购买食用，此举让国家税银大量流失。去年一年，朝廷在这方面的税银只有七千五百两，这太少了！臣下认为，当增加太原的盐税银子五千两，不论和尚、道士、军士、匠人，只要吃盐，都要分摊缴纳盐税。

"国之所资，其利最广者莫如盐。自汉桑弘羊始榷之，而后世未有遗其利者也。各朝如此，我们何不也取之呢？为便于管理，我建议皇上在南北主要产盐区设都转运使司管理盐政，隶属于户部。其他地区，则设立盐课提举司或茶盐提举司。这样政府就能够对盐的生产严加控制了。在生产方面，要派专门的灶户产盐，灶户在指定的盐场中制盐，生产过程受到严格的监督，产品必须如数上缴给国家；对盐的销售，臣下以为，我们可以在各地设常平盐局，由政府直接卖盐。还可以由商人向盐司或户部纳钱，换取盐引，凭盐引到指定的盐场或盐仓领盐，然后运销各地。当然他们也可以到指定的地点缴纳粮食，换引领盐运销。这样，无论是政府销售还是盐商买盐，我们都能把盐税包含在其中了，朝廷的盐税收入就不会白白流失了。"

阿合马继续说道："铁器在民间流行，危害非浅。单把铁矿的开采、冶炼权收归朝廷还不行，还应当把铁器的制造、买卖权收归朝廷所有，价钱由朝廷制订，这样冶铁也能为我们增加收入。去年，臣下任职开平府事，任命礼部尚书马月合乃兼管已经清查到的三千户没有户籍的百姓，仅这些人就能每年为朝廷上缴铁一百零三万七千斤，用这些铁铸锻农具二十万件，换成粮食上缴给公家的一共有四万石。全国户数已达一百九十四万八千八百七十户，生活、生产都需要铁器，陛下算算，单这一项该有多大收入啊！再加上食盐专卖的收入，钱是绰绰有余的！"

虽然众人反对阿合马，但是忽必烈这样做，他认为自己只不过采用了他的先辈所采用的同样政策。窝阔台汗和蒙哥汗都曾雇佣穆斯林作为财政总管和行政总管。阿合马是中亚人，出生在离今塔什干不太远的一个小镇。《元史》把他归类为"三奸臣"之一（另外两位是桑哥和卢世荣）。

必须指出的是，阿合马也有他的理由。因为他知道，他的价值在于他为朝廷增加了多少收入。他搜刮的钱越多，他的权力就会越大，声望就会越高，个人收益就会越多。根据汉文史料记载，他曾滥用权力，把苛捐杂税强加给汉人。

忽必烈任用阿合马为其治理财政，仅盐铁两项，就每年为其增加了大量的税收，这就为他南灭南宋，北平海都提供了有力的物质保障。当然，这些税收的增加，必然增加百姓的负担，使元朝立国不久便出现

"大家收谷岁至数百万斛，而小民皆无益藏"的局面。

遍设驿站，疏通交通

随着蒙古帝国的不断扩张，其疆土也不断扩大，特别是西征征服了中东欧之后，疆土更是雄跨欧亚大陆。如此幅员辽阔的国土，他们如何做到上情下达，以最快的速度传递信息呢？

自成吉思汗建国后，便仿效中原的驿传制度，在境内恢复或新建了一批驿站，供来往使臣等使用；窝阔台汗时，进一步扩大了设驿站的范围，建立了贯通整个大蒙古国疆域的驿站系统，并初步制定了有关驿站的管理制度；忽必烈即位后，尤其是统一全国后，各地遍设驿站，驿站系统得到进一步发展，构成了以大都为中心的稠密交通运输网络，像神经和血液一样，伸展到四面八方，控制着这万里疆土。

意大利旅行家马可·波罗曾在他的《马可·波罗游记》书中，对驿站系统作过生动的描述。他以十分钦羡的笔调写道：这是一种十分美妙奇异的制度，简直难以用语言来形容。从汉八里（大都）城，有通往各省四通八达的道路。道路十分宽敞。每一条大路上，每隔一段都会设有驿站，筑有旅馆，接待过往商旅住宿，这些就叫做驿站。这些建筑物宏伟壮丽，有陈设华丽的房间，挂着绸缎的窗帘和门帘，供达官贵人使用。即使王侯在这样的馆驿下榻，也不会有失体面。因为需要的一切物品，都可从附近的城镇和要塞取得。

他还记录道：每一个驿站，常备有400匹马，供大汗的信使们使用。全国大约用于此项事业的马匹超过二十多万……在各个邮站之间，每隔一段就有一小村落，有红色门楼一座，牌额一枚，十二时轮子一枚。这里住着步行的信差。他们走递时，皆腰革带，悬铃，持枪，挟雨衣，赍（带）文书以行，夜则持炬火，道狭则车马者、负荷者，闻铃避诸旁，夜亦以惊虎狼也……他们腰系数个小铃，以便当他们还在很远的地方时，听见铃响，人们就知道驿卒将来了。……一个步行信差临到另一站，铃声报知他们的到来。因此使另一站的信差有所准备，人一到站，便接过他的邮包立即出发。这样一站站依次传下去，效率极为神速。只消两天两夜，皇帝陛下便能收到很远地方的按平时速度要十天才能接到的消息。碰到水果采摘季节，早晨在大都采下的果子，第二天晚上便可运到上都。这在平日是十日的里程。

马可·波罗的记叙，基本上是符合元代驿站系统的运作情况的，既写了驿站，又描述了急递铺的传输，只是马匹数和日程数有不准确的地方。

就是通过这种驿站制度，驿站信差们不管阴雨纷飞，还是霜雪寒潮，也不管是赤日炎炎，还是月黑风高，日夜奔驰在驿道上，以最迅速的方式把大汗的命令传达到帝国各地，各地的消息也通过这一通信网源源不断呈送到大汗面前。

元世祖定都大都后，驿站制度的规模越来越大，他下令修筑了以大

第九章　整顿朝纲，计定乾坤

都为中心四通八达的驿道，这些驿道，因所处位置的不同而不同，有的道广50步，3丈而树，厚筑其外，隐以金锥，树以青松、白杨品种为多。一步为5尺，50步合今25丈（约80米），10米左右就栽一棵青松、白杨。一路上绿影婆娑，十分美观；而有的地方仅能供一人行走。

在四通八达的交通线上，元朝政府设置了成千上万的驿站，以便"通达边情，布宣号令"。在当时，蒙古地区的驿站，专设通政院管辖；中原地区的驿站，则归兵部掌管。驿站分陆站和水站。陆站用马、牛、驴或车，辽东有些地方运输时用狗拉橇行于泥雪上，故又有狗站。水站则用船。据记载，全国驿站共有1400处，这个数字还不包括边远地区和四大汗国间的驿站。

作为驿站的站户，他们的户籍从一般的民户中分离出来，在蒙古各部中，一般选择畜产多者应役；在中原、江南地区，一般是按户等从中户里签发。一旦被签发为站户，登记入籍后，就世代相承，不能改变。站户除按规定提供交通工具，马站出马夫，水站出船夫外，平时负责按时修整道路，架设桥梁，并在可能栽种的道路两旁种上杉、松、冬青、杨、柳等树木遮阳，为过路人马避免日晒之苦。部分站户还要向过往使臣提供肉、面、米、酒等。各站所领站户数目不等，多者两三千，少者只有几十户，一般为百余户至数百户。

驿站系统的功能，与军政要务的传达、处理关系密切，因此，要想接受驿站的服务，需要有官府的证明或宗王的令旨。官府证明分铺马圣旨（又称铺马札子、御宝圣旨，铺马是驿站的另一种说法）、金字圆符

（铁制，又称圆牌）、银字圆符三种。"朝廷军情大事奉旨遣使者，佩以金字圆符给驿，其余小事只用御宝圣旨。"诸王、公主、驸马亦为军情急务遣使者，佩以银字圆符给驿，其余只用御宝圣旨。驿站验符、旨给驿站供应酒食，因身份和品级的不同，元朝规定驿路上"使臣"的给驿标准也不同。比如给马，规定三品官给马五匹，四五品官给马四匹，六品、七品官给马三匹，八品以下则给两匹。路上的食宿供应标准也按品级给予不同的待遇，如有的使臣给白面、大米、油、酒、肉等，一应俱全；有的则仅给一顿粥饭，最低的甚至只给一升米，一般持圆符者有优先的权力，除此之外，"毋得擅差铺马"。

　　和驿站相铺而行的，是专用以传递紧急文书的机构叫急递铺。每十里或十五里、二十五里设一铺，每铺置铺丁五人。铺丁一昼夜行四百里，辗转传递军政机要文书。凡中书省、枢密院、御史台公文及各地紧急重要公文，用木匣封锁，标明号码、日期等，交给急递铺传送。各铺均要验件签押，以保证递件的安全和传送速度。和站赤系统一样，急递铺不久亦面临"衙门众多，文字繁冗，急递之法大不如初"的局面，不得不重申"省部台院急速之事，方置匣子发遣"。后来，又规定了中书省、枢密院、御史台、宣政院等几十种官衙的文书可以通过急递铺传送，各投下总管府等二十种官衙的文书不许经由急递铺传送，以减轻急递铺的负担。

　　驿站系统开始之初，运行良好，但随着元朝统治阶级的日趋腐败，站户所负担的赋役也越来越重。这些站户，大部分是原先的普通农牧民，他们要供应各驿站来往官员的饮食，这是一笔不小的负担。特别是后期，蒙古官僚贵族，甚至一些高级僧侣都千方百计觅取铺马圣旨和圆符，享受免费供应的站马和酒食。稍不如意，便大发淫威，轻则谩骂，重则吊打；其次，就是交通工具的供给。当时主要是马，有的地方则为牛、驴、狗，加上车辆舟船等，饲养几十头马畜需要大量的饲料，再加上各种工具的维护与保养，这笔开支也不在少数，如公元1314年六月二十三日，仅甘肃省就奏报死了铺马199匹、驿驼24头；不光如此，站户还负担驿站的劳役，如为使臣充当向导、车夫、船夫、搬运工、维修道路、架设桥梁、植树护林等，不但是无偿的，还要自备饮食。

这些负担压得站户喘不过气来。有的实在坚持不了，就只得背井离乡，成为流民。"盛冬裘无完，丰岁食不足。为民籍占驿，马骨犹我骨。束刍与斗菽，皆自血汗出……"

在这样沉重的压迫剥削下，站户们纷纷破产，到元代末年，建立在站户们血汗基础上的元代驿站制度无法维持下去。据《永乐大典》说："站赤消乏，积非一日"。到14世纪初叶，据甘肃省甘泉驿站统计：60年前，这个站共有站户348户，到60年后只剩下176户了。站户们纷纷逃亡或出家为僧了。

元朝驿站制度之盛是我国历史上少见的，特别是元世祖忽必烈时期，修路、植树，疏通交通大动脉，对维持帝国在全国，特别是在边疆地区的统治，强化中央对地方的控制，起到了巨大的作用。它如"元朝政府的神经和血液一样"，把朝廷的政令传递到帝国的每一个角落，对于促进经济的交流与发展、民族的融合有积极的意义。

解除兵权，稳定江山

公元1262年，山东江淮大都督李璮发动叛乱，占据济南。忽必烈北征阿里不哥，先命宗王哈必赤，总督诸路蒙汉军向南平叛讨伐，又增派右丞相史天泽专征，诸将皆受节制。史天泽到达济南，会同哈必赤开河筑环城，筑长围，树林栅，将李璮围困于济南城中达4月之久，城中粮尽，军心涣散，李璮投大明湖自尽未遂而被俘，史天泽立即将李璮在军前处死。

当然，他也知道，擅杀钦犯，在任何朝代都是不允许的。于是，他就连夜上书向皇上请罪。他为自己找了些理由，什么李贼大骂皇上，使人气愤不过；什么咆哮营帐，使人怒发冲冠，等等。

但忽必烈并非好糊弄的。他疑心塞胸，疑虑重重，他对世侯的反感在李璮叛乱的基础上又增加了一重：他不明白，史天泽为什么要急于杀死李璮？他们之间有什么瓜葛吗？忽必烈不得不重新审视这些汉人幕僚，他们是怎样来到自己的身边的呢？

他忘不了刘秉忠、姚枢、廉希宪、张易、商挺、赵良弼、王文统……他们都是相互举荐来到自己身边的。他们相互举荐，能不结为朋党，狼狈为奸吗？自己对他们委以重任，但他们是否真的能以儒家的正统思想对待自己？今天有一个李璮，明天还会不会有什么史璮、张璮……更多的汉人世侯反叛呢？一个还好说，一旦他们连成一片，自己将如何应付？

一连串的问号，太多的联想让忽必烈后背冷汗直冒。对忽必烈而言，自金末以来尽专中原兵民之权的大小世侯，无疑是新王朝有效地巩固和强化自身统治的极大障碍。虽然公开称叛的只有李璮和个别响应者，但曾与李璮互相沟通非议朝政的诸侯为数并不少。因而，要解决这一棘手的问题，还不到时候。大宋一天不灭，他们思想上还有一天的动摇。一旦操之过急，就会造成兔死狐悲、群起自保，甚至激起更多的反叛。

明白了这个道理，忽必烈便在杀死了李璮的老丈人——中书省平章政事王文统后，果断地停止了对李璮和王文统案情的追究。

一连三天，忽必烈都没有上朝。他惊悸不安，忧愤烦躁，几次在圣安寺作佛顶金轮会，为自己压惊、祈祷，要不就躺在察必皇后的凤帐内望着金顶的廊柱出神。甚至还传出话来告诫史天泽说，要是朕让你们杀什么人，你们可不能立即执行，得迟个三五日，免得杀错了……

史天泽明白树大招风的道理。自己作为汉人的世侯，拥有"清乐军"和"黑军"两支军队，蒙古人之所以倚重自己，完全是他们战略上的需要。如今李璮的叛乱，让忽必烈震动不小，也为那些想取缔汉人幕僚的蒙古人提供了口实。虽然自己并不以权重为好，这个忽必烈是知道的。想当初，在窝阔台时，为报兄被杀之仇，自己曾接任大哥史天倪军民之职。打败武仙后，自己即请上奏归职于侄，自己愿退还田间，耕种为乐，此举得到窝阔台的赞许。

但今天的忽必烈面临着汉人世侯的信任问题，这个史天泽能看出来。虽然李璮叛乱没有扩大牵连，自己擅杀李璮，忽必烈也没有深究，但是忽必烈三天不上朝，说明他是在作着艰苦的思想斗争。忽必烈是开明的，有帝王的胸襟。但是，他毕竟是一个被汉人称之为"蛮族"的蒙古人，在他身边固守蒙古传统的大有人在。他能力排众议，做到用汉人施汉法，汉化治国，已属不易。今天，李璮叛乱，让他脆弱的思想怎能不一下子近于崩溃呢?

与其自上而下动刀子，不如自请消除兵权，以消除忽必烈对汉儒、世侯的猜疑，只有这样，才能缓和忽必烈的疑虑，才不至于忽必烈采取更为严厉的手段对付汉族的世侯军阀。

于是，第四天忽必烈上朝之后，史天泽就上奏说道："兵民之权，自古不可并于一门，汉朝邦国，唐朝藩镇，都是血腥的教训，说明自古地方就应听命于中央。今我朝过分垂爱臣等，不仅大授美职，还模仿漠北蒙古传统制度让我们世袭官职，造成地方割据势力过于庞大，导致像李璮这样有不轨之心人的叛乱。所以为加强中央对地方的控制，消除中央与地方割据势力的矛盾，以免造成了社会动荡，百姓涂炭，臣请皇上削除职权，退休还家，同时亦解除史氏子侄握有兵符者17人之兵权。行之，请自臣家始!"

忽必烈说道："史爱卿，你不必多虑。你们史家，对我蒙古帝国的建立，可谓抛头颅，洒热血，肝脑涂地，忠贞可嘉。先前窝阔台汗就曾对爱卿赞之，宪宗皇帝也多次称颂你的美好品德，他们都不同意你退休的请求，今我怎能让你退休呢？"

姚枢出班奏道："皇上，臣下以为，史将军所言极是，一门不可兼掌兵、民之柄。藩方侯伯，各土其地，各分其民，父死子继，各握重兵，多者五六万，少者亦不下二三万，难保不再出一个李璮。既然史将军今再一次提出削权柄，皇上可因势利导，罢诸侯世守，设守牧，立迁转法。规定身兼兵、民职者，可自选一职任之；掌军的将领，子弟不得再任军职；世侯死后，子孙荫而不世；诸路管民官理民事，管军官掌兵戎，各有所司，不相统摄。官员均由中央迁调，使天下大官、小职咸知名器自朝廷出，这样不但能加强中央对地方的控制，也能使地方民众减轻负担。"

忽必烈一听正中下怀。三天的罢朝，他也曾想到这个问题，但是关键是如何做更为稳妥。史天泽的请辞和姚枢的建言，恰好就解决了这个让他头疼很久的问题，他怎能不高兴呢？

于是，忽必烈就故意说道："各位世侯劳苦功高，为我江山社稷之栋梁，朕怎能舍得如此去做呢？万万不可，各位爱卿不必多言。"

看到贵为一朝丞相的史天泽如此，其他汉人世侯心中就更无底了。于是一齐出班奏道："臣等愿自解兵权，交还封邑，接受朝廷的调遣。请皇上从江山社稷着想，派遣守牧人各地治理，我等应鼎力配合，报答皇上的知遇之恩。"

见众世侯都如此，忽必烈也就顺水推舟，说道："窝阔台汗曾感叹说，过去争官者多，让职者少。我朝恰恰相反，你们如此做法，实让朕感动。既然各位意见统一，又心意恳切诚挚，那朕也只好答应了。不过，朕也不会亏待各位爱卿的，自今日始，朕将每月供以俸禄，保证让各位爱卿不在经济上吃亏！"

不久，圣旨下，解除各地世侯兵权，实行军民分治。规定各路总管、万户只理民事，不得干预军政；其次削弱、消灭世侯。规定收世侯符节，易地为官。死后，其子孙按荫叙法授官而不再承袭父职。世侯军阀除一人仕官外，子弟官职一律解任，也不能世袭，并实行迁移法，要他们离开老窝，到别处做官去，而在世侯所在地另立牧守，权利直属中央；三是在中央成立军事总指挥部——枢密院，由太子亲任枢密院使，下设副使、金书枢密院事等，全部由蒙古人和色目人充当，统一调度侍卫亲军和各地的蒙古、汉军万户。由是确立了千户、万户——统军司或元帅府——枢密院的指挥系统，把军权集中控制在中央政府的手中。第四是严格查禁民间兵器。军器由国家制造，私自制造者死，现有者拒不交出，斩立决。甚至农民的耙子、叉子也都属于上交的范畴，如果想使用，则向地方官申请发给，用后立即上交。

圣旨一下，光史氏子侄佩金银虎符高位者就有17人之多，他们全部被解除了兵权，异地调防。张弘略、张弘彦、严忠范、严忠嗣、玉文干、郑鼎、李毅等20余名汉军万户也先后交出兵权。中统四年正月，又

"立十路奥鲁总管"，规定各路汉军奥鲁不再归各汉军万户管领。汉军军户的科差赋税，由河南、山东的统军司，东、西川的元帅府和陕西行户部分管。同时设置监战万户和统军司，负责监视汉军万户的行动，掌管所在地区的汉军各万户，处理日常军务。同时要求官员子弟入充质子军，用传统的收纳质子的方法来控制分散在各地的汉人、色目人军官和民官。

忽必烈是在汉文化的熏陶下长大的，他又想入主中原，因此他还不想彻底与汉世侯决裂，但他在心理上对汉人加强了防范，他认识到汉人的精明不在于他们的公开反抗，而在于他们正在潜移默化地改变着一个盘弯弓马的草原部落的生活方式，而这是最危险的。这样他就一方面清理汉人世侯，并慢慢疏远汉儒。另一方面在亲重蒙古人的同时，开始逐渐培植色目人，与汉人抗衡，以便互相牵制。

史天泽审时度势，应变制宜，为国家的统一，主动交出本人封邑和兵权，以和平的方式实现平稳的过渡，一方面避免史氏家族功高震主，进而会导致盛极而衰的潜在危险。同时也有利于使蒙古贵族和汉族地主阶级紧密地结合在一起，达到了集权的目的，这对稳定政局无疑起到了决定性的作用。

谋扫四海

元朝开国奇谋